# LE RETOUCHEUR

## TRAITÉ COMPLET DE LA PHOTOGRAPHIE DE LA RETOUCHE DU COLORIS

DES ÉPREUVES ALBUMINÉES

par les couleurs et le système

A. BELLOC

AUTEUR DE ONZE TRAITÉS DE PHOTOGRAPHIE

CHIMISTE

Fabricant de Produits à l'usage de la Photographie

16, RUE DE LANCRY, 16

PARIS 1868

DE

# LA RETOUCHE

## DU CLICHÉ

par BELLOC, Paris

Ce n'est pas sans dessein que nous avons pris ce titre pour notre publication de 1868, — LE RETOUCHEUR ; car si notre intention n'est pas de formuler les préceptes, de donner une méthode de retouche du *cliché*, du moins venons-nous dans le but de prêcher une croisade contre le cliché à l'état pur, et prouver la nécessité a peu près absolue de le retoucher.

Quels sont les progrès de l'art photographique depuis 10 ans?

A-t-on découvert un collodion plus impressionnable, impressionnable surtout à toutes les couleurs également?

Non, les formules sont restées les mêmes, les couleurs sont encore aujourd'hui tout aussi réfractaires au procédé, et de même qu'il est impossible d'obtenir dans leurs tons relatifs, certaines peintures, de même, est-il impossible de faire un portrait d'après nature, non heurté, d'ensemble, avec relief et relations de tons, etc.

Cependant le procédé s'est vulgarisé à tel point,

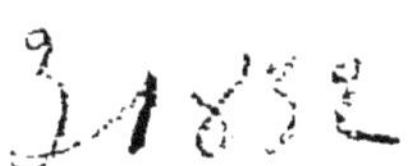

que le plus pauvre village possède un opérateur, et que les villes de 3e ordre les comptent par douzaines. Il serait vraiment curieux de constater par une statistique rigoureuse, le rapport qui peut exister entre *l'opérateur et l'opéré.*

Ce travail serait curieux, instructif, surtout au point de vue qui nous occupe, car cette division de travail fait la ruine des opérateurs. Dans chaque localité, en effet, il peut bien y avoir un préféré, mais assez généralement, les opérations de la photographie étant bien conduites par tous, il n'y aura désormais que le retoucheur du cliché qui primera ses confrères; en effet, les opérateurs sont trop bien au fait des phénomènes divers qui se produisent sur le cliché, pour qu'il soit besoin de leur rappeler longuement cette théorie.

Il suffira d'esquisser rapidement les effets de certaines couleurs sur la couche sensible pour en tirer cette conclusion, que le cliché non retouché, donne dix-neuf fois sur vingt, non pas le portrait du modèle, mais sa charge bien réussie. *Même*

Quand il retrace la beauté,
Il y met trop de vérité!
Or, si beau que l'on soit, on veut être flatté.

Et flatterie à part, n'arrive-t-il pas dix-neuf fois sur vingt, que l'opérateur a devant son objectif une jolie figure, de jolis yeux bleus, d'adorables cheveux blonds, que toute son habileté est impuissante à reproduire? Mais si la couche sensible est réfractaire à telle ou telle couleur, si elle s'impressionne d'une manière ridicule sur telle autre, si déjà, un joli modèle n'a que trop à redouter de la brutalité du procédé, que sera-ce si le modèle a les traits durs et accentués, s'il a une carnation multicolore, *tachée* enfin, au point de vue de la photographie ?

Les moindres rougeurs de la peau, invisibles à l'œil, sur le modèle, deviendront de vraies taches sur le cliché, qui donnera au positif l'aspect de la reproduction d'un marbre Brèche ou de Campan.

De là, nécessité absolue de poser sur ces taches, une légère couleur identique à celle du cliché, afin d'obtenir, au moins, ce que le dessinateur le plus inhabile saurait faire : un dessin ombré, d'ensemble et non taché.

Mais là ne doit point se borner la retouche du cliché, et il y aurait encore bien des points essentiels à faire ressortir de ce principe, mais notre petit cadre ne suffirait point à ce travail ; nous nous bornerons à cette seconde considération.

Nous avons dit que le modèle pouvait avoir les traits durs, accentués, etc. et de là, nécessité encore de retouche. Nécessité d'autant plus absolue que la lumière de nos ateliers de pose est toujours fort dure et qu'elle exagère les ombres ; que cette lumière venant beaucoup plus grande d'un *côté* et d'en haut, fait comme une ombre portée au grand zigoma de la face de ce *côté*, pendant que frappant, au contraire, le bourrelet de l'autre zigoma, elle l'efface complétement ; dès lors plus d'ensemble. Atténuer cette ou ces grandes rides, ainsi que celles qui se prolongent en dessous des coins de la bouche, pointiller légèrement le dessous des yeux, trop fortement cernés, mettre *d'ensemble*, enfin, en adoucissant la partie de la figure comprise entre le menton et l'oreille, faire la moustache et les cheveux blonds, toujours mal venus ; voilà le but que doit se proposer tout opérateur soucieux de sa réputation et de la prospérité de son commerce ; voilà le but qu'il aura atteint, lorsqu'il saura retoucher un cliché.

Alors plus de retouche des positifs, retouche toujours très-longue, très-difficile, qui n'est possible qu'à un retoucheur de profession, qui ne satisfait jamais complétement, quoique relativement bien exécutée et qui dans beaucoup de cas est impossible, puisqu'il faudrait employer du blanc pour atténuer des ombres, des rides, etc.

Cette retouche des positifs, quelle que soit l'habileté de l'artiste, est toujours visible à l'œil nu, sous un certain angle, et d'ailleurs composée de deux éléments qui se nuisent mutuellement et détruisent le portrait après l'avoir fait passer par plusieurs nuances.

Conclusion : Faire que le cliché soit semblable à celui que ferait un dessinateur sur la pierre, sans se préoccuper des taches, des rides *profondes*, des bouches tombantes, etc., que, naturellement, la photographie reproduit d'une manière ridicule; faire que le cliché puisse donner toutes les positives non heurtées, non tachées par une suite de dégradations d'ombre et de lumière; non bouffies, bien modelées, etc., est le but que doivent chercher d'atteindre, *surtout*, tous les opérateurs qui, loin des grandes villes, doivent se suffire à eux-mêmes au point de vue de la retouche savante.

Et ce but est d'autant plus facile à atteindre, que ce genre de travail ne réclame de l'artiste ni leçons de dessin, ni aptitude même; il suffit d'avoir de bons yeux. Une étude préalable est nécessaire, il est vrai, mais elle ne dépassera pas la huitaine.

Rentré dans ses foyers, l'opérateur se perfectionnera tous les jours par son travail journalier, et le trimestre ne sera point écoulé qu'il sera maître du procédé et de la position. Nous disons position artistique et pécuniaire, car y aurait-il dix photographes dans la localité, celui-là seul qui pratique la retouche du cliché prendra bientôt *toute* la clientèle à ses concurrents.

Les peintres, au début de notre art, disaient avec grande vérité : *Laid comme un portrait photographie!* Cette vérité un peu dure peut être modifiée aujourd'hui, mais n'en reste pas moins encore une vérité pour les œuvres dont les clichés sont sans retouche.

Pour tous les clichés retouchés, c'est le contraire qu'il faut dire, et rien n'est doux, rien n'est harmonieux comme un portrait dont le cliché a été savamment retouché. C'est une estompe, un crayon des plus remarquables qui unit à la finesse du modelé la grâce et la ressemblance.

L'exposition de 1867 aura montré ce que savent faire en ce genre les artistes retoucheurs, des négatives et des positives ; car on peut affirmer hardiment que pas un portrait ne s'est montré sous les vitrines du Champ-de-Mars, *produit pur de la Photographie.*

A qui la palme? Au plus habile retoucheur. Il n'y a plus que des opérateurs ; la science n'a rien à voir dans cet art industriel, et nous ne pensons pas que le progrès arrive jamais à faire obtenir un cliché satisfaisant sur un modèle multicolore. On ne trouvera jamais plus de cinq pour cent de ces types privilégiés, réunissant les qualités voulues pour faire une belle épreuve négative, sur laquelle toute retouche serait inutile. C'est donc quatre-vingt-quinze charges sur cent qu'il s'agit de corriger, de rendre conformes à la vérité, de flatter même un peu, si l'on veut que la photographie soit elle-même une vérité.

Nous aurions voulu formuler ici même, quelques préceptes théoriques de retouche, mais la tâche nous a paru impossible, on n'aurait pû comprendre, ou même sans le vouloir nous aurions induit nos lecteurs en erreur ; n'a-t-on déjà pas assez donné de fausses indications en parlant du crayon de mine ou du crayon gras, ou même du crayon *gommé!* Ni le crayon du lithographe, ni le graftite, ni aucun crayon ne saurait être employé à ce genre de travail, il faut une teinte spéciale, un petit appareil pour placer le cliché, et huit jours de leçons.

Nous offrons nos soins et notre expérience aux opérateurs qui veulent distancer leurs concurrents, ils pourront voir quelques centaines de clichés retouchés, comparer et juger.

Un dessinateur de talent qui connait à fond la retouche du cliché, est attaché à l'Établissement.

Les dix leçons de 2 heures chaque, coûtent cinquante francs.

Les leçons de photographie et de retouche cent francs.

A tout acquéreur d'un appareil complet de la somme de six cents francs, leçons des deux procédés gratuites.

BELLOC,

rue de Laucry, 16, Paris

---

ris a obtenu, il n'en reste pas moins encore bon nombre de réfractaires que nous tenons à convertir Quelques-uns croient qu'il est impossible de faire aussi bien que les spécimens ; — d'autres pensent que nos couleurs sont de même nature que les boîtes dites américaines, etc. — Nos couleurs sont aussi faciles à étendre, à combiner et à coucher que les couleurs sèches — seulement, elles sont brillantes, comme la couleur à l'huile, ne s'effacent pas par le lavage le plus prolongé, et le premier venu peut colorier 60 cartes par jour.

Toutefois, comme il se pourrait faire que dans le nombre de ceux qui ont acheté notre boîte, il en soit qui par accident ou autrement aient perdu quelques flacons, nous nous ferons un devoir de les remplacer gratuitement ainsi que nous le disons plus bas, à propos des nouveaux clients, et ce sacrifice, nous le ferons d'autant plus volontiers que nous sommes persuadé qu'ils profiteront de l'occasion pour nous demander des produits photographiques, qu'ils seront toujours certains de trouver, d'ailleurs, dans notre maison, à d'aussi bonnes conditions de bonté et de bon marché que partout ailleurs.

**De plus, à tout envoi dont la facture s'élèvera à 200 fr. — il sera joint une boîte complète sans préjudice des escomptes portés au prix-courant.**

A. BELLOC,
rue de Lancry, 16.

La boîte, munie de compartiments pour les couleurs et l'eau lustrale — les godets or, argent et pinceaux, mesure une longueur de 29 c. sur 15 de large et 11 de haut.

Elle est envoyée *franco* de port et d'emballage en France, sur toute demande accompagnée d'un mandat-poste de 25 fr. (*Voir le prix courant que je vous envoie.*)

# COULEURS INEFFAÇABLES

## pour colorier les épreuves albuminées (1).

Il est peu de photographes qui n'aient eu le désir de colorier eux-mêmes, leurs épreuves albuminées, et qui n'aient mis en pratique plusieurs moyens pour atteindre ce but. Mais ces essais, toujours infructueux, malgré les quelques ficelles trouvées par plusieurs peintres, ont laissé subsister ce grand désidératum : on voit bien de temps en temps apparaître une réclame sur un grand journal, mais la rédaction assez bizarre de l'article laisse pressentir le peu de foi que l'auteur lui-même attache à son procédé. On a bien eu les couleurs dites américaines, et bien d'autres encore, mais aucune n'a rempli les conditions du programme et nous croyons pouvoir leur attribuer la froideur avec laquelle on a accueilli notre annonce d'un procédé vraiment admirable pour de nouvelles couleurs que nous avons eu le bonheur de composer.

*Nous avons été si souvent trompés*, etc., lisons-nous dans une lettre d'un nouveau client, *qu'il m'était permis de douter; le doute n'est plus permis*, etc.— *Vos couleurs sont admirables, et je vous en remercie*, etc.

(1) Depuis quelque temps, nous voyons figurer sur les journaux, quelques articles en réclame, qui laissent supposer qu'on *a trouvé* la couleur dans la chambre noire. — Il n'en est rien, et ce temps est peut-être bien loin encore. — Ce qui a donné lieu à cette supposition, c'est le coloris, si beau et si brillant, que nos clients ont obtenu avec nos couleurs.

Nos couleurs, en effet, peuvent, au gré de l'opérateur, former autant de tons que ceux de la plus riche palette du plus habile peintre, se fondent, en se dégradant sous la main la plus inhabile, sont ineffaçables, ne donnent aucune épaisseur, laissent à l'albumine son brillant et son fouillé le plus profond et font, d'une épreuve médiocre, un vrai chef-d'œuvre, en quelques minutes. — Le ton de chair, si difficile à obtenir par l'aquarelliste même le plus habile, naît, pour ainsi dire, sous la main de *l'ouvrier* et peut à sa fantaisie être modifié sans fin.

Mais si ce nouveau produit est bienfait pour rendre heureux l'opérateur de province, éloigné de tout centre où un peintre peut venir à son aide, il doit être du plus grand secours au miniaturiste, qui ne sera plus dans la nécessité de gouacher, d'employer le blanc, les couleurs ternes et opaques, de couvrir ses peintures de plaques, et de voir disparaître ses œuvres, en très-peu de temps, par l'usage des terres et des métaux.

En un mot, nous considérons cette découverte comme un vrai bienfait et nous ne craignons pas de dire que *c'est un utile cadeau à faire à nos clients.*

En effet, on peut colorier une carte, quels qu'en soient les accessoires, en moins de vingt minutes et au prix de quelques centimes. — Chaque flacon contient le coloriage de plus de mille cartes, et à moins de casse, il est permis d'affirmer que pour la plupart, du moins, l'emplette n'aura pas besoin d'être renouvelée. Du reste, comme nous tenons essentiellement à nos clients, nous ferons toujours les sacrifices nécessaires pour les conserver; aussi, pour atteindre ce but, nous leur remplacerons *gratuitement* tous les tons de couleurs qui viendront à leur manquer au fur et à mesure de leur épuisement — bien persuadé qu'ils n'iront point ailleurs chercher des produits photographiques qu'ils trouveront dans notre maison dans des conditions de bonté et de prix qui ne laissent rien à désirer, et à chacune de leurs demandes nous ajouterons gratis les flacons de couleurs demandés.

Nous regrettons vivement que quelques-uns de nos clients soient restés *réfractaires ;* il est vrai qu'ils ont été si souvent trompés ! De nouveau, nous les engageons à nous demander un spécimen que nous leur enverrons *franco* immédiatement.

L'ensemble composé de :

L'eau lustrale pour dégraisser l'épreuve ;

| | |
|---|---|
| Spécimens,<br>11 Flacons de Couleurs,<br>1 Agitateur en cristal,<br>6 Pinceaux,<br>1 Godet or,<br>1 Godet argent,<br>1 Instruction,<br>La Boîte,<br>L'emballage, | Sur mandat envoyé d'avance,<br>Coûte 25 francs.<br>Rendue *franco* de port et d'emballage à domicile en France. |

**Moyen d'employer ces couleurs.**

Avec un pinceau mouillé d'eau lustrale, lavez l'épreuve : lorsque l'eau adhère, qu'elle ne se retire plus, comme sur un corps gras, laissez sécher à peu près.

CARNATIONS

Dans un godet, mettez à peu près 4 gouttes du ton chair n° 3, additionnez de 1 goutte d'eau, — mélangez. — En un mot, ce mélange doit constituer le ton local, — par conséquent, c'est à l'opérateur à ajouter plus ou moins d'eau.

Si la figure est sèche, passez dessus un pinceau humide, mais non mouillé, — prenez avec un autre pinceau un peu de cette teinte et posez-la sur la pommette de la joue; — elle s'étendra par le fait de l'humidité, — avant que cette couche soit sèche, trempez ce même pinceau dans l'eau et passez-le rapidement sur toute la figure. Repassez de nouveau le gros pinceau mouillé, comme pour effacer le tout; cette première opération faite, vous pouvez la recommencer jusqu'à ce que vous soyez content du ton. — En commençant, il vaut mieux mêler plus d'eau, de crainte de trop rougir, car ces couleurs montent toujours et sont ineffaçables, il vaut donc mieux se tenir en deçà que dépasser le ton, on est toujours à temps de mettre couche sur couche : les tons, d'ailleurs, n'en sont que plus beaux.

Le ton chair n° 2, pur ou mélangé d'orange ou d'eau, peut animer les joues, l'oreille, etc. Les lèvres peuvent se faire avec de la terre de Sienne brûlée, — mais étendue d'eau, sans laisser séjourner la teinte — presque aussitôt passée, lavez-la.

Du reste, tous les tons de chair — teint frais, — coloré, terne, bilieux, ocre, etc., peuvent s'obtenir par le mélange dans le godet — de carmin et de mine orange.

Ce n'est donc pas un à peu près de couleur, mais la formation vraie du modèle que l'opérateur peut obtenir à volonté.

Quant aux accessoires, robes, rideaux, tapis, ce n'est plus qu'un jeu; si l'épreuve a été bien décapée, la couleur pénètre sans se retirer; il n'est besoin que de suivre les contours. Si le ton qu'on vient d'appliquer ne convient pas, on peut le couvrir d'une couleur différente; elle s'applique tout aussi bien, mieux même, et conserve le même éclat à l'albumine. Si, par places, sa couleur se retire comme sur un corps gras, il ne faut pas craindre de lécher avec la langue et repasser le pinceau, enfin de décaper de nouveau ; le travail existant déjà n'aura nullement à en souffrir En un mot. toute couche, une fois posée. est ineffaçable, surtout lorsqu'elle est sèche. Pour les rideaux à dispositions de diverses couleurs, ainsi que pour les tapis, on peut coucher d'abord une couleur, en réservant l'autre, ou bien coucher également le tout; quand cette partie est sèche, et l'on peut s'aider du feu à cet effet, on peut repasser sur certains dessins une couleur plus forte.

Exemples : Une tenture à deux couleurs peut recevoir d'abord une couche de vert ; lorsque cette couche est sèche, on peut passer du vermillon sur les fleurs, etc., ou en jaune d'abord et carmin ensuite, etc.

Les fonds de photographie qui sont d'un gris ardoise ou noir, peuvent être couchés de *mine orange* affaiblie d'eau et aiguisée d'une faible partie de vermillon ; ce ton chaud fait valoir les habits et donne du ton et du relief à la figure. Pour faire les fonds ainsi que les accessoires qui touchent au périmètre de la carte, il est bon de les peindre avant de monter la carte ; par ce moyen on n'a pas besoin de respecter les bords, la besogne va plus vite et se fait mieux. — A cet effet, on mouille la carte, on l'essore dans un buvard, etc.

Un habit, une robe de soie un peu trop venus, un peu gris, peuvent recevoir une couche de *noir-habit*, qui donne à cette partie le noir qu'il eût dû conserver, si le cliché eût été parfait.

Lorsque l'on a passé le noir-habit, même quand il paraît trop clair, il faut le surveiller, car il monte rapidement — lorsqu'il est sec, on peut passer dessus, un gros pinceau humide, ou une éponge mouillée mais pressée.

Il est bien des points sur lesquels nous avons

glissé rapidement, et quelques-uns encore que nous n'avons pas effleurés, bien persuadé que chacun se fera une méthode et deviendra vite professeur à son tour.

Résumons-nous.

Les cheveux se font avec le *noir-habit*, s'ils ont besoin d'être retouchés, s'entend, ou avec la *mine orange*, s'ils sont blonds ; un peu de couleur chair, passée par dessus, ne nuit en rien à la vérité de la ressemblance, s'ils sont un peu ardents. Le chair nº 2 fait les parties animées, les joues, les oreilles, etc. ; le nº 3, mêlé d'eau, fait le ton local, et, si la carnation est terne, bilieuse ou masculine, mêlée d'un peu de *mine orange*, etc.

Le *carmin* pur ou aqueux, aux rubans ; le *bleu*, le *violet*, de même ; le *chrôme*, aux gants ; le *vermillon*, aux épaulettes et pantalons garance, etc.

## Le paysage.

Le *paysage* est encore plus facile à colorier. Appliquées aux stéréoscopes-*vues*, ces couleurs sont d'un ravissant effet ; la partie qui demande le plus de soin est le ciel ; il faut tenir l'épreuve l'horizon en haut, et commencer par là. On promène le pinceau de gauche à droite, imprégné de couleur additionnée d'eau ; cette teinte bleu pâle, suit le mouvement du pinceau ; il ne s'agit que de la mener sans *ondes*, égale, en un mot, et par le même procédé indiqué, *lavages* (1). Lorsque le ciel est sec, on doit coucher un peu de ton chair mêlé d'eau, vers l'horizon, toujours en fondant avec de l'eau ; si le ciel a des arbres, on passe par dessus. Cette nuance ne nuit en rien au

(1) En sortant l'épreuve du bain d'eau, on peut l'essorer dans du buvard, et faire le ciel ainsi, *tout humide*, c'est plus facile.

vert, dont on doit les couvrir. S'il y a plusieurs plans d'arbres, on peut les coucher tous d'un ton vert uniforme, cela va plus vite ; puis on passe des violets sur les plans lointains, arbres, etc. ; des bleus, sur ceux qui se rapprochent, et enfin, de la terre de *Sienne brûlée* ou de la mine orange sur les premiers plans, arbres, rochers, terrains, etc.

Cette leçon écrite, si bien faite pour effrayer, ne demande pas 10 minutes pour être mise à exécution, et nous avons presque du remords de l'avoir faite si longue, nous craignons la susceptibilité de nos clients qui, après le premier essai, pourront croire que nous avons douté de leur intelligence.

Lorsque l'épreuve est terminée, elle est ineffaçable et n'a rien perdu de son éclat. Si on la satine, si on l'encaustique, elle est bien plus belle encore. L'encaustique sans le satinage peut suffire.

La terre de Sienne brûlée modifie les tons verts, souvent trop vifs, trop frais.

Le bleu mêlé d'eau, fait les ciels ; il fait les rochers lointains. les premières couches, du moins : pour les robes, les rideaux, etc., il faut l'employer pur.

Pour le violet, même emploi.

En un mot, nous le répétons, toutes ces couleurs mélangées au bout de l'agitateur, au moment de l'emploi et au gré de l'opérateur, donnent tous les tons de la palette (1).

(1) Le carmin et l'orange, — les tons de carnation, — le vermillon et la terre de Sienne — peuvent être mêlés avant l'emploi — ne mêlez jamais : — le chrome, le bleu, le violet, le vert, le noir, avec aucune autre couleur — elles se précipitent — seulement, lorsqu'elles sont posées et sèches, vous pouvez passer dessus le ton que vous préférez.

Dans les mains d'un peintre aquarelliste, elles sont d'une utilité absolue : en moins de 10 minutes il a terminé son œuvre, et, si l'épreuve est foncièrement mauvaise, il peut, avec des aplats combinées, remonter les tons, détruire les taches et terminer même par quelques dernières touches avec les couleurs en tablette, pour faire une œuvre remarquable d'une image qu'il eût dû rejeter sans ce nouveau procédé, et disons tout de suite que l'opérateur le plus étranger au dessin et à la peinture deviendra en quelques jours, un peintre habile à tous égards, et n'aura besoin de confier à personne le soin de ses retouches et de ses succès.

### Observations

(1) Il ne faut jamais mettre le pinceau dans le flacon, — mais seulement l'agitateur propre. — Ces tons sont si sensibles, qu'il suffit d'un atome de couleur étrangère au flacon pour le troubler, pour changer le ton. C'est pour n'avoir pas pris ces précautions, que quelques opérateurs, peut-être, ont pu voir leurs tons se troubler ou se précipiter.

Comme nous tenons à ce que nos clients soient satisfaits, et qu'ils ne puissent accuser la qualité des couleurs, nous nous empresserons, ainsi que nous l'avons dit plus haut, de leur envoyer gratuitement l'eau lustrale et les couleurs qu'ils auront perdues ou épuisées. — Nous espérons, par ce sacrifice, ou tout autre, qu'ils demanderont, les conserver fidèles

(1) L'or ou l'argent en godet, doivent être détrempés au bout du pinceau — et posés par ce pinceau dans le bec d'une plume. C'est avec la plume qu'on pose l'or et l'argent pour chaînes, colliers, bijoux, etc.; les lignes droites, tringles de fond, etc., se posent avec cette plume à l'aide d'une règle.

à notre maison ; ce sera donc à toute commande, une prime gratuite que nous leur ferons.

Une autre observation, qui peut trouver sa place ici, est celle relative aux divers prix des diverses maisons qui fournissent. — Une simple observation dans la lettre de demande nous fera baisser notre prix, — si la chose est possible, — bien persuadé que, tirant les gros produits à la même source, ou fabricant nous-même, nous pouvons donner aussi bon marché et au moins aussi bon que qui que ce soit.

La plus grande loyauté préside toujours à nos envois, et jamais il ne s'élèvera une contestation sur un objet manquant ; — nous le remplacerons — aussitôt.

Nous pouvons supposer que nous nous sommes trompé, mais nous ne supposons pas qu'on veuille nous tromper.

Ces réflexions, surtout pour ceux qui craindraient d'envoyer un mandat sur la poste, ou de recevoir contre remboursement.

Nous supportons les frais des mandats - poste adressés en paiement.

Si le mandat est envoyé avec la commande d'une boîte, le client la reçoit pour 25 fr., *franco* de port et d'emballage.

Dans nos expéditions contre remboursement malgré notre mention trois fois répétée : — *Retour d'argent à nos frais*, il arrive parfois qu'on met ces frais à la charge du destinataire, ou qu'on charge les frais généraux d'un factage de 60 à 75 centimes. — Nous ne pouvons ni prévoir ni empêcher ces erreurs, — nous ne pouvons que les réparer, et nous prions nos clients de vouloir nous aviser, ils seront immédiatement remboursés de la somme trop perçue.

BELLOC.

# PHOTOGRAPHIE OPÉRATOIRE

Ce petit *Traité*, offert gratuitement à nos clients, est un simple *vade recum*, un aide-mémoire. — Pour les grandes questions théoriques, — voir la *Photographie rationnelle*.

## Formulaire.

| NOMS DES PRODUITS CHIMIQUES EMPLOYÉS DANS LA FORMULE. | Quantités. |
|---|---|
| *Pour enlever le vernis des clichés.* | |
| Ammoniaque pure. | |
| *Pour décaper le verre.* | |
| Eau. | 500 |
| Acide nitrique. | 300 |
| *Pour polir le verre.* | |
| Eau. | 200 |
| Amoniaque. | 200 |
| Potée rouge. | |
| Ether. | |

### OBSERVATIONS.

L'alcool, l'ammoniaque, l'eau même, peuvent concourir au décapage du verre, et, faute d'acide nitrique (1), on pourrait assurément avoir recours à un autre liquide; mais l'opération serait moins prompte et moins *finie, moins certaine*.

(1) L'acide nitrique seul, dissout l'argent, s'il n'a pas été employé au décapage, il peut arriver que, par le fait de la présence de cet argent, le collodion se détache du verre en séchant. Vue de l'autre côté, l'épreuve sera irisée.

## PREMIÈRE OPÉRATION.

Répandez quelques grammes d'ammoniaque sur le vernis et collez dessus un autre cliché, en quelques secondes les deux clichés vernis seront prêts à passer au décapage; si l'on possède une cuvette verticale, on peut mettre les verres vernis dedans, l'opération marche vite et bien.

Le cliché déverni, vous mettez le verre dans le mélange acide, un séjour de quelques heures est utile, au sortir, plongez dans l'eau pure, mettez à égoutter.

A l'aide de la boîte Tamis, mettez sur le verre, de la poîée rouge et quelques gouttes de mélange ammoniacal. Avec un tampon de linge, promenez cette pâte pendant une minute. Avec un deuxième tampon, essuyez les épaisseurs du verre et le premier frottis, fortement et de manière à sécher la glace.

Avec un troisième tampon propre, frottez de nouveau le verre, jusqu'à ce que toute humidité ait disparu, ce dont on s'assure en condensant la vapeur de l'haleine sur le bon côté; si, vue par *transparence,* la buée ne forme ni taches, ni rayures, ni aspect graisseux, le verre est propre.

Ce dernier tampon peut être imbibé d'éther.

| NOMS DES PRODUITS CHIMIQUES QUI ENTRENT DANS LES FORMULES. | Quantités. |
|---|---|
| Coton soluble. | 30 |
| Ether à 62°. | 600 |
| Alcool à 40°. | 400 |

Le collodion normal est la base d'une bonne épreuve, et nous pensons que l'opérateur qui ne fait pas son collodion en grande quantité ne

| NOMS DES PRODUITS CHIMIQUES QUI ENTRENT DANS LES FORMULES | Quantités. |
|---|---|
| saurait jamais posséder un collodion ioduré irréprochable. Il manque toujours par quelque point. | |
| Quand on est pressé et que l'on ne saurait attendre un temps assez long afin que le collodion ioduré *se fasse*, on ne saurait mieux réussir qu'en faisant le mélange suivant : | |
| Collodion normal. | 30 |
| Éther à 62°. | 30 |
| Éther ioduré. | 30 |
| Nous pouvons répondre de ces trois substances faites depuis longtemps — parfaitement décantées, et nous pouvons affirmer un résultat des plus satisfaisants avec l'emploi de ce collodion ioduré, même après quelques heures de préparation. | |

Cette formule donne un collodion normal d'une densité convenable ; cependant, ainsi qu'il est aisé de l'expliquer, il n'y a pas, en photographie, de formule rigoureuse, et nous sommes de cet avis non contesté aujourd'hui, que l'opérateur qui fait ses solutions *d'après la formule*, doit éprouver des déboires sensibles.

Soit la formule ci-dessus, il est évident qu'étant donnés des produits toujours identiques en présence d'une température égale, la densité du collodion normal sera égale; mais admettez un coton moins soluble, ou un éther et un alcool à un degré plus bas, ou enfin un milieu froid et humide, et le collodion manquera de densité. De là, modification dans les dosages qui suivront, à propos de l'éther ioduré, etc., et aussi modification dans les liqueurs génératrices, etc. C'est au sortir du bain d'argent que l'opérateur doit juger si son collodion ioduré est au maximum de sensibilité (la couche doit être d'un blanc opale, irisé, rosâtre, sans taches ni coups de *balai*, vue par transparence), de même qu'il a dû juger de la densité du collodion en le mettant sur la glace.

### Liqueurs génératrices.

*Ether ioduré* (1).

La meilleure, la plus constante; nous n'en donnons pas la formule parce que l'éther dissout peu ou point les iodures, qu'il faut un moyen spécial et qu'il est assez difficile pour n'être point réussi — 19 fois sur 20, — nous préparons cet éther, du reste, avec le plus grand soin, et nous ne le vendons pas plus cher que celui que l'opérateur pourrait faire lui-même.

*Formule du mélange.*

| | |
|---|---|
| Collodion normal dense. | 30 |
| Ether à 62°. | 30 |
| Ether ioduré. | 38 |

(1) Pour obtenir l'instantanéité, il faut : un objectif de grande dimension, — relativement à l'image à obtenir, — à court foyer, — peu diaphragmé. — Il faut opérer à 30 mètres de l'objectif, au moins, pendant les jours les plus lumineux de l'année et pendant que le soleil éclaire le mieux le paysage.

Pour les opérations qui ne sauraient demander que deux secondes, portraits d'enfants, par exemple, il suffit d'une *grande lumière* diffuse et d'un bon objectif à court foyer.

Si ces trois substances sont limpides, le collodion qui en résulte est limpide et comme filtré — on peut le mettre en œuvre le même jour, — quant aux autres collodions iodurés, il est bon de les faire quelques jours, même quelques mois d'avance, afin que les éléments divers qui le composent soient entrés en combinaison.

Il n'est pas rare de voir s'améliorer en vieillissant, un collodion parfaitement mauvais dès le début.

La lumière directe, le soleil même, ne peuvent nuire au collodion ioduré — et après six mois d'exposition à une chaleur constante de 25° à 40°, nous avons pu constater un changement radical dans un collodion foncièrement mauvais, et qu'un séjour prolongé dans une terrasse avait rendu parfait en tous points.

Quelques-uns de nos clients nous demandent souvent du collodion instantané. — Nous répondrons ici, qu'il ne doit y avoir dans le commerce que celui-là et que s'il y en a d'autre, c'est contre la volonté du fabricant; du reste, répétons-le, plusieurs causes peuvent produire un effet ou des effets nuisibles à l'instantanéité, et il ne serait pas juste d'appliquer au collodion seul le fait de son insuffisance.

| NOMS DES PRODUITS CHIMIQUES EMPLOYÉS DANS LA FORMULE. | Quantités. (1) |
|---|---|
| Collodion ioduré inaltérable et instantané. | |
| Coton soluble. | 2 |
| Iodure de cadmium. | 1 |

(1) Pour les liquides, les quantités sont en centimètres cubes; — pour les sels, en grammes.

| NOMS DES PRODUITS CHIMIQUES EMPLOYÉS DANS LA FORMULE. | Quantités. |
|---|---|
| Iodure d'ammonium. | 0,80 |
| Bromure de cadmium. | 0,80 |
| Ether à 62°. | 125 |
| Alcool à 40°. | 125 |

Si l'on veut donner une couleur jaune, on peut y ajouter gros comme une tête d'épingle, d'iode sublimé. Nous pensons que cette addition ne saurait être inutile.

Quand nous disons inaltérable et instantané, il est bien entendu que c'est relativement, mais que, toutes choses égales d'ailleurs, il est aussi inaltérable et aussi instantané que tous les collodions que l'on vend et que l'on prône pompeusement, avec ces deux épithètes. Puis, suivant la température, il est évident que la formule peut varier, mais de si peu, que nous pouvons assurer le succès quatre-vingt-dix-neuf fois sur cent.

Bain d'argent négatif.

| | |
|---|---|
| Nitrate d'argent fondu. | 35 |
| Eau distillée. | 500 |

Lorsque la dissolution est complète, ajoutez 15 c. c. collodion ioduré.

Agitez et filtrez. Sans cette précaution, un bain neuf ferait peut-être des clichés voilés. Pour remédier à l'usure et à l'appauvrissement de ce bain en service, faites-en un autre.

| | |
|---|---|
| Eau | 500 |
| Nitrate d'argent | 40 |

Vous l'ajouterez au précédent à mesure qu'il diminuera par le fait même du service.

## Collodionner la glace.

DEUXIÈME OPÉRATION.

Enlever la poussière avec un fort pinceau (1), mettre le collodion sur un angle, en le versant par un petit filet continu, jusqu'à ce qu'on juge qu'il y en a assez ; couvrir la glace du liquide en inclinant la main de manière à l'amener sur toutes les parties sans se précipiter, sans acoup et surtout sans toucher le doigt ; recevoir l'excès dans le flacon en y posant l'angle de la glace. Avant que les dernières gouttes soient tombées, incliner la glace de droite à gauche et la ramener sur la verticale, afin que ce liquide qui se fige, ne se fixe pas sur ses rides diagonales. La glace étant dans cette position, avec le revers du doigt s'assurer que le collodion est presque sec; plonger alors la glace dans le bain, d'un seul coup, en soulevant la cuvette de manière à amener le liquide dans le bas, pendant qu'on met la glace dans le haut, laisser tomber la cuvette soulevée, qui, dans ce mouvement, ramènera le bain rapidement et couvrira le collodion. Agiter le bain en faisant subir à la cuvette un mouvement de basculage. Ce bain passant ainsi et repassant aura plus tôt enlevé l'aspect huileux qui couvre la couche, et lorsque, vu à jour frisant, cet aspect aura disparu, soulever la glace avec un crochet et la saisir par un angle avec un morceau de papier buvard. Laisser égoutter un instant, la mettre dans le châssis et la couvrir d'une feuille de buvard.

Mais avant de la mettre dans le chassis, c'est le cas de recommander à l'opérateur de la regarder

(1) N'oublions pas que le laboratoire doit être dans une obscurité absolue pour toute opération où il y a formation d'iodure ou de chlorure d'argent ; une lumière artificielle suffit

par transparence à 30 centimètres de la bougie (1), afin de s'assurer que la couche n'a ni *coups de balai*, ni fils, ni rayures, — qu'elle a surtout, ce *ton opale* qui constitue le *maximum* de sensibilité — car c'est alors, et alors seulement, que le collodion peut faire une épreuve instantanée avec le concours d'un beau soleil, d'un excellent objectif, etc.

Si par suite de l'abaissement subit de la température ou par toute autre cause le collodion, au sortir du bain d'argent, n'a pas cette couche opale, si elle est restée bleuâtre, le collodion manque d'ioduration. Si, au contraire, la couche est couleur opale, mais opaque, que même il s'y mèle quelques filets blancs, ou qu'il y ait des tâches en forme de marbures, — c'est que le collodion est trop ioduré. — Nous avons dit comment remédier à ces défauts.

## Exposition dans la chambre noire.

TROISIÈME OPÉRATION.

Il est bien entendu qu'avant de mettre la glace en œuvre, on a dû préparer une chaise, un appui-tête,

(1) Nous avons toujours pensé, et sur ce point, notre conviction basée sur l'expérience, est bien établie, que le verre ou le papier jaune éliminant la lumière photogénique du laboratoire et donnant, par conséquent, un ton jaune à la couche du collodion et au cliché en voie de formation, était peu propre à donner à l'opérateur les indications qu'il doit chercher et que nous indiquons. — Quant à croire que la couche est impressionnée par la lumière d'une bougie..... Il est vrai que quelques auteurs l'ont écrit, — mais encore sûr ce point, nous pouvons les rassurer; nous avons toujours fait des clichés très-translucides, sans le moindre voile, et nous pouvons conclure et donner la préférence à la bougie sur le verre.

une table, etc., tout un petit mobilier, qui encadre et remplisse le fond ; on a dû également donner la première direction à la chambre noire, placer le modèle et déterminer la pose. Ces précautions sont surtout nécessaires en été où, par un trop grand retard, la couche impressionnée pourrait se présenter trop sèche sous l'agent révélateur.

Cela fait. placez le modèle très-exactement au foyer sur la glace dépolie, et de telle sorte que l'ensemble lui-même soit également au foyer, ce que vous obtiendrez en plaçant le corps du modèle presque de profil, pendant que la tête sera de trois quarts.

Enlevez la glace dépolie et remplacez-la par le châssis porte-glace. Faites poser le modèle pendant un temps que votre expérience personnelle peut seule déterminer ; craignez moins de prolonger ce temps que de le tenir insuffisant.

Lorsque le temps de la pose vous a paru suffisant, fermez le volet, retirez le châssis de la chambre, rentrez dans le laboratoire, et procédez au développement de l'image.

## OBSERVATIONS.

Nous devons nous borner à propos du temps de pose à quelques indications que l'opérateur intelligent saura bien approprier à tous les cas qui se présenteront dans sa pratique.

En pleine lumière directe, avec un objectif à portrait, on peut obtenir instantanément tous les objets à grande distance. Avec l'objectif à paysage et diaphragmé, on peut également saisir, en quelque sorte, au passage, les ciels nuageux, la mer, les vagues, les vaisseaux. etc.

En rapprochant les distances, mais en pleine lumière diffuse et avec l'objectif double, on peut aussi obtenir, à l'instant même, un portrait en pied, de quelques centimètres de hauteur, tandis qu'il ne faut pas moins de 3 à 4 secondes, pour un portrait plaque normale dans les mêmes conditions de lumière. Un monument blanc ou de couleurs claires peut être reproduit en 20 secondes avec l'objectif simple fortement diaphragmé. Le paysage vert demande 40 secondes, la gravure 3, 6 ou 10 minutes. suivant la distance de l'objectif au sujet, et en vertu de cette loi, que la couche sensible est d'autant plus rapidement impressionnée que l'on opère à une plus grande distance du sujet et d'autant plus fortement que le sujet est plus lumineux.

Quel que soit le temps de la pose, la couche sensible a été décomposée plus ou moins, et l'agent révélateur amènera l'image à un point plus ou moins près de la perfection. Si le temps de la pose n'a pas été assez long, l'image sera très-noire sur les parties lumineuses du modèle, et ne sera pas *venue* dans les parties noires. Si, au contraire, l'image est restée grise dans les parties blanches, ou si elle est grise également partout, c'est que le temps de la pose aura été dépassé.

De toutes ces opérations, la plus difficile est, certainement, l'appréciation du cliché. Un cliché, pour être parfait, doit venir *inversement*, du même ton que le modèle. Le haut du front, la côte du nez, la pommette de la joue, en un mot, toutes les parties éclairées doivent être presque noires, et les autres parties, dans des tons relatifs, c'est-à-dire inverses, d'ombre et de lumière. L'habit le plus noir doit accuser des détails dans ses parties les plus ombrées. Du reste, à la première épreuve positive qu'il fera, l'opérateur s'apercevra des défauts de son cliché. Si son cliché est faible, la figure sera grise, sans éclat, sans modelé; les habits seront sans détails et sans relief.

On peut quelquefois remédier à la faiblesse d'un cliché, même après qu'il a tiré des épreuves. Il suffit pour cela de le mouiller et de le soumettre de nouveau à la solution d'acide pyrogallique mêlée d'argent, si toutefois le cliché n'a pas été verni.

Du reste, il est bien rare d'obtenir un cliché parfait au point de vue de l'exigence du dessin ombré, — nous l'avons dit, dix-neuf fois sur vingt, — le cliché sera la charge de l'original soit par la faute de la lumière, ou par celle du modèle lui-même, l'opérateur qui saura retoucher le cliché n'aura rien à appréhender de pareilles circonstances et une heure de travail suffira au redressement de ces difformités.

| NOMS DES PRODUITS CHIMIQUES EMPLOYÉS DANS LA FORMULE | | Quantités. |
|---|---|---|
| *Bain de fer pour révéler l'image.* | | |
| Eau. | | 1000 |
| Sulfate de fer pur ou ammoniacal. | | 60 |
| Acide sulfurique (1) | | 10 gout. |
| *Bain d'acide pyrogallique pour continuer le développement.* | | |
| Eau. | 1re solution | 150 |
| Acide pyrogallique. | | 1 |
| Acide citrique. (2) | | 1/2 |
| Eau. | 2e solution | 100 |
| Nitrate d'argent | | 3 |

(1) Au moment de faire usage de cette solution, décantez et ajoutez 4 ou 5 p. $^{0}/_{0}$ d'acide acétique.

(2) Ou bien acide acétique, 5.

Ce serait certainement ici le cas de parler des engins de toute sorte qui ont été inventés pour supporter la glace et éviter ainsi de la tenir avec les doigs afin de les garantir des taches que le passage du révélateur y laisse si souvent. Gants, doigtiers, cadres, ventouses, pistolets, etc., sont encore mis en usage par un grand nombre, et ceux qui y ont renoncé, à cause de leur incommodité ou impuissance reconnue, n'opèrent qu'avec crainte, et cette crainte paralyse leur adresse.

Nous sommes heureux de pouvoir faire mettre à la réforme tous ces *bibelots* et de rendre son assurance à l'opérateur en lui donnant un liquide qui le débarrassera instantanément des taches les plus noires.

Voyez page 33 : **A tout opérateur faisant une commande dépassant 50 francs, — Nous donnons en primes les deux flacons de la liqueur Simon pour nettoyer les mains et le linge, aussi la Photographie rationnelle.**

## Développer l'image.

QUATRIÈME OPÉRATION.

Dans un flacon à large ouverture, mettez une solution décantée ou filtrée de sulfate de fer et répandez-la immédiatement, sans temps d'arrêt sur la couche : maintenez cette solution sur la glace en la tenant horizontalement, mais en inclinant légèrement la main de gauche à droite, afin que le liquide agisse encore *également* pendant une minute ou deux.

Au bout de ce temps, le révélateur n'agit plus sur l'image ; rarement, aussi, est-elle complète, à moins d'un temps de pose exagéré.

Si donc l'image est trop faible, il faut la renforcer. A cet effet, lavez l'épreuve jusqu'à ce qu'elle n'ait plus l'aspect huileux.

**Continuer l'épreuve négative.**

Mettez environ 30 centimètres cubes de solution d'acide pyrogallique dans un vase à bec, et à peu près 6 cent. cubes de solution de nitrate d'argent : tenez la glace horizontalement et répandez le liquide sur la couche, de telle sorte que la surface en soit couverte entièrement et sans temps d'arrêt. Maintenez la glace ainsi, mais en inclinant de droite à gauche comme précédemment, afin que le liquide agisse également partout ; versez le liquide dans le vase, regardez l'épreuve par transparence et continuez de reverser ce même liquide sur l'épreuve jusqu'à ce qu'elle soit à *point* (1).

On peut développer l'image avec de l'acide pyrogallique sans le secours de sels de fer. Nous dirons dans quel cas on doit donner la préférence à l'un ou à l'autre de ces révélateurs, ou les faire se succéder afin d'en obtenir les meilleurs résultats.

**A tout opérateur faisant une commande dépassant 200 francs, — nous donnons en prime la boîte à couleurs et les deux flacons de liqueur Simon.**

| NOMS DES PRODUITS CHIMIQUES EMPLOYÉS DANS LA FORMULE. | Quantités. |
|---|---|
| *Bains Fixateurs.* | |
| Eau. | 1000 |
| Hyposulfite de soude | 500 |
| OU | |
| Eau. | 100 |
| Cyanure de potassium. | 3 |

(1) Pour les glaces de grandes dimensions, on peut commencer le développement dans une cuvette profonde et

Ce dernier fixateur n'est utile que pour faire des positifs directs. Prenez les précautions les plus minutieuses pour éviter les accidents, ou même un empoisonnement.

Quant à l'employer comme détergent, pour débarrasser vos mains des taches du nitrate, vous ferez bien d'y renoncer si nous vous donnons une liqueur inoffensive, hygiénique même, qui enlèvera en deux minutes les taches les plus noires (nous ne dirons pas les plus anciennes, car il n'est pas de produit qui blanchisse une peau brûlée par le nitrate d'argent), et qui employée à la fin de chaque journée de travail photographique, rendra à la peu sa première blancheur.

C'est au docteur Simon, de Riberac, médecin distingué et photographe amateur, habile, qu'appartient le mérite de cette découverte, qui nous a rendu, personnellement, déjà de grands services. Il suffit de mouiller la tache avec la liqueur du flacon n° 1, — puis de laver avec celle du n° 2, — le n° 1 est un alcoolat d'iode, — le n° 2 est de l'ammoniaque pure.

## Fixer l'épreuve négative.

### OBSERVATIONS.

Deux agents peuvent désioder le cliché : le cyanure de potassium et l'hyposulfite de soude. Nous donnons la préférence à ce dernier sel, qui a sur l'autre, l'avantage de respecter les plus faibles demi-teintes du cliché, et d'être surtout parfaitement inoffensif, tandis que le premier détruit les demi-teintes, rend le cliché trop translucide et est un poison violent. Nous ne le reconnaissons indispensable que pour les positifs directs sur verre.

### CINQUIÈME OPÉRATION.

Tenez le cliché horizontalement et versez dessus

procéder de la même manière que pour sensibiliser la glace dans le bain d'argent.

une solution saturée d'hyposulfite; en quelques secondes, l'iodure d'argent libre aura disparu. Regardez la glace par transparence; si la dernière trace de l'iodure (couleur blanc jaunâtre) est dissoute, lavez; lorsque le cliché aura été soumis à un lavage assez long, qui a pour but d'enlever l'hyposulfite, posez la glace sur du papier buvard et contre le mur, le collodion lui faisant face (1).

Le cliché peut être séché devant le feu, mais non à la lampe qui pourrait le casser. Lorsque le cliché est sec, on doit le vernir; c'est le plus sûr moyen de protéger le collodion. La gomme en solution est une demi-mesure qui ne met pas complétement l'image à l'abri des injures de toute sorte que lui prépare un long tirage.

| NOMS DES PRODUITS CHIMIQUES EMPLOYÉS DANS LES FORMULES. | | Quantités. |
|---|---|---|
| *Vernis.* | | |
| Alcool à 40°, | dans un flacon. | 100 |
| Benjoin. | | 12 |
| Alcool. | dans un flacon. | 100 |
| Sandaraque. | | 10 |

Remuez de temps en temps et pendant deux ou trois jours. Lorsque ces deux résines sont dissoutes, filtrez-les dans un flacon de deux cents afin que cette solution soit mélangée; — elle constitue ainsi un vernis corsé, non friable, parfait, — nous y ajoutons aussi, 10 p. % d'une solution alcoolique de gomme

(1) Les égouttoirs en X sont très-utiles, très-commodes pour le séchage des clichés. Ils sont indispensables à tout opérateur qui travaille journellement.

Elemi. Il nous semble supérieur, — mais en somme, les deux premières résines ne laissent rien à désirer.

### Vernir le cliché.

SIXIÈME OPÉRATION.

Devant un feu de braise, faites sécher le cliché s'il est humide; que la glace soit chaude, à être appréciée au toucher, avant d'étendre le vernis. Etendez-le de la même manière que le collodion. Eloignez la glace du feu; mais, lorsque la dernière goutte de vernis est tombée, approchez-la encore un peu; le vernis sera brillant et sec.

| NOMS DES PRODUITS CHIMIQUES EMPLOYÉS DANS LES FORMULES. | Quantités. |
|---|---|
| Bain d'argent positif. | |
| Eau distillée. | 500 |
| Nitrate d'argent. | 50 |

Nous passons sous silence la formule et le mode de préparation des papiers salés et albuminés. Ces papiers se trouvent dans le commerce, et les opérateurs se dispensent de cette première opération (1).

(1) Aujourd'hui les albuministes mettent si peu, si peu de sel dans les papiers qu'il est possible de préparer avec des bains faibles, parce que la quantité de sel n'appauvrit pas le bain aussi vite. Il arrive, même parfois, que le papier étant peu salé, si le bain sur lequel il repose étant à 15 ou 20 p. 100, il se produit des pleurs, comme sur un corps huileux, ces gouttelettes sont des taches, — pour y remédier, il faut, quelques instants après que la feuille est sortie du bain, l'essorer dans du buvard propre; — mais il est mieux d'affaiblir un peu le bain d'argent.

D'ailleurs ils ne parviendraient pas à la pratiquer avec succès. Elle est complètement le fait d'une préparation spéciale, et nous-même avons dû y renoncer afin de n'avoir jamais de papier de rebut, et de pouvoir donner *toujours* à un prix exceptionnellement bas, du papier albuminé, toujours exceptionnellement bon, parfait, d'abord parce que en faisant un usage journalier du papier que nous achetons, nous n'acceptons que le bon et que nous ne pouvons qu'expédier du papier parfait, puisque nous exigeons cette perfection pour nos travaux et que nous n'avons aucun motif de faire *passer* des papiers de rebut, qui sont le résultat d'une fabrication souvent négligée ou déjà vieille.

## Bain d'argent positif.

Cette solution, faite d'avance, sera filtrée dans une cuvette destinée spécialement à cet usage. On aura soin de l'enrichir à mesure qu'elle s'appauvrira par la préparation des feuilles. Chaque feuille normale enlève à peu près 0,25 centigr. d'argent; il est donc urgent, après la préparation d'une vingtaine de feuilles, d'ajouter à la solution appauvrie, 50 cent. cubes d'eau contenant 12 à 15 gr. d'azotate d'argent, titre nécessaire et dans les conditions voulues, pour obtenir au virage et au fixage des épreuves, les tons les plus harmonieux.

### PREMIÈRE OPÉRATION.

Mettez, dans une cuvette plate, une couche de cette solution, haute de 5 à 6 millim. : prenez, par les deux angles opposés, une feuille de papier et faites, à l'angle droit, une corne de 15 millim. environ *fortement reployée sur elle-même* (1), posez le bon côté

(1) Tous les engins inventés dans le but de retirer la feuille du bain et de la suspendre, tels que : pinces, ficelles, bouchons, etc., ne valent pas cette petite corne

sur le bain, en abandonnant l'angle que tient la main gauche et accompagnant la feuille de la main droite. Si la lumière est à droite, elle éclairera la ligne du bain à mesure qu'il mouillera la feuille et vous avertira des solutions de continuité. Laissez-la sur ce bain pendant 4 minutes. Relevez-la par la corne et piquez le coin sec sur le liége destiné à la recevoir.

Lorsque la feuille est à peu près sèche, terminez le séchage devant un feu de braise ; le papier albuminé doit être très-sec, *cassant*, c'est une des conditions pour obtenir un beau *virage, brillant, bleu-noir, avec blancs nacrés.*

### Tirage de l'épreuve positive.

#### 2e OPÉRATION.

Nettoyez avec soin la glace qui porte l'épreuve négative et la glace du châssis-presse ; posez le négatif sur la glace du châssis, le collodion en dessus ; couvrez-le avec le côté préparé du papier positif, sur lequel vous ajouterez quatre feuilles de papier buvard ; abaissez les deux volets et mettez les crochets.

Exposez le châssis aux rayons directs ou à la lumière diffuse, mais autant que possible perpendiculairement à la direction du rayonnement lumineux.

On ne saurait déterminer le temps nécessaire à la venue d'une belle épreuve ; cela tient à la lumière et aussi au cliché qui peut être plus ou moins faible, plus ou moins opaque, En été, par un beau soleil, avec un cliché ordinaire, la moyenne n'est que de dix

*fortement* reployée ; il n'est même pas besoin de sablier ; au bout de 4 ou 5 minutes, elle s'est relevée perpendiculairement, et c'est par cet endroit sec que vous la prenez pour la *piquer* contre une planche du laboratoire munie de liége pour plus de facilité de recevoir l'épingle.

à quinze minutes, tandis qu'en hiver, par un temps sombre, avec un cliché vigoureux, il ne faut pas moins de plusieurs heures, sinon même une journée entière.

Dans tous les cas, on doit laisser l'image *se faire* plus noire que le modèle, et dépasser le ton que l'on veut obtenir, puisqu'elle perdra naturellement au fixage, et qu'il n'y a pas moyen de renforcer une épreuve faible. Du reste, il est facile de l'amener à point et de l'arrêter à temps, puisqu'on peut, à chaque instant, en ouvrant un volet, s'assurer du degré de développement auquel elle est parvenue.

Au sortir du châssis-presse, mettez vos épreuves dans l'eau ordinaire et laissez-les dans cette eau jusqu'au moment où vous avez fini de tirer, puis vous procéderez au virage.

| NOMS DES PRODUITS CHIMIQUES EMPLOYÉS DANS LES FORMULES. | Quantités. |
|---|---|
| *Bain de virage pour le papier albuminé.* | |
| Dans un mortier, mettez : | |
| Acétate de soude fondu. | 30 gr. |
| Hypochlorite de chaux. | 1/2 gr. |

Broyez de façon à mélanger l'hypochlorite qui, sans cette précaution, surnage et se dissout difficilement, puis ajoutez quelques gouttes d'eau, et enfin mettez cette pâte dans un litre d'eau distillée. Agitez, laissez dissoudre. Agoutez 1 gr. chlorure d'or pur et brun, c'est-à-dire parfaitement desséché. Agitez et laissez combiner pendant 24 heures. Dans cet état, la solution se conserve indéfiniment.

Plusieurs formules diverses de virage sont employées, et, dit-on, avec succès. Quant à nous, cette formule nous a donné, toujours, les meilleurs résultats, soit combinée au chlorure d'or pur, soit au chlorure double d'or et de soude; ce dernier a, surtout, l'avantage de ne se point dissoudre dans le flacon, de s'évaporer même : aussi arrive-t-il toujours aux destinations les plus lointaines, pendant que le chlorure d'or pur, très-déliquescent, arrive souvent liquide et même évaporé.

### Virage.

3e OPÉRATION.

Mettez dans une cuvette 200 c. c. de cette solution, et 8 ou 10 cartes par exemple. Agitez, retournez et retournez les épreuves jusqu'à ce que, *vues par transparence,* elles aient atteint le ton *bleu noir,* alors mettez-les dans l'eau. Ce lot d'épreuves étant viré, prenez un autre lot et mettez-le dans la même cuvette : peut-être sera-t-il utile d'y ajouter un peu de virage neuf. Continuez comme pour les précédentes. Abandonnez-les un instant et mettez les précédentes (qui viennent de se dégager un peu) dans la solution d'hyposulfite (1), laissez-les s'y fixer pendant 20 minutes à peu près. Surtout pendant cette double opération que les doigts qui viennent de toucher à l'hyposulfite ne touchent point aux épreuves dans le virage, il se produirait immédiatement une sulfuration qui mettrait l'épreuve au rebut. Si l'action du virage a été assez prolongée, l'épreuve ne rougira pas dans l'hyposulfite. Si l'action du virage a été trop prolongée, l'épreuve sera un peu gris-bleu. Aussi est-il important de ne négliger aucune recommandation si l'on veut un virage uniforme et satisfaisant (2).

(1) La formule pour cette solution est peu importante ; elle peut être à 15 ou 30 p. 0/0, sans inconvénient, à saturation même. L'essentiel c'est qu'elle ne soit point acide. On peut y mêler gros comme une noix de craie Lévigée.

(2) Lorsque l'on fait des Epreuves fond blanc, il est im-

OBSERVATIONS ET CONSIDÉRATIONS.

Papier qui vire (il en est qui ne vire pas, et le papier Saxe principalement, reste d'un ton *noir lourd*) ;

Bain d'argent de 10 à 15 pour 100, plutôt acide que alcalin ;

Sur ce bain, la feuille pendant 4 minutes ;

Cette feuille sèche à l'*excès* devant le feu, même en été ;

Un beau cliché ;

Un tirage vigoureux ;

Et dans le virage, l'épreuve *bleu-noir vue* par transparence ; telles sont les conditions principales qui, avec les soins et la propreté exigés, donnent à l'opérateur toute satisfaction.

Si le bain d'argent est faible, l'albumine se dissout et le rougit rapidement. — Si le bain est vieux, s'il est alcalin, le papier jaunit vite après sa préparation ; s'il est trop fort, il fait *pleurer* le papier. Pour parer au premier défaut, il faut mettre dans le bain 30 ou 40 gr. de kaolin ; agiter fortement et laisser déposer. Le lendemain, on décante le liquide dans un filtre, et l'on ajoute environ 5 pour 100 de nitrate d'argent cristallisé.

Dans les bains vieux et alcalins, il faut mettre 3 à 4 gouttes d'acide nitrique.

Lorsque les épreuves sont fixées, il faut les mettre dans une cuvette d'eau, et renouveler cette eau, d'heure en heure, pendant 12 heures au moins. Après le dernier bain on peut essorer dans un cahier de

portant de n'employer que du virage neuf. Celui qui a déjà viré une douzaine d'épreuves donne au fond blanc, une nuance verdâtre, et aux noirs, un ton bistré peu harmonieux. Certes, les auteurs qui ont conseillé de mêler le vieux virage au neuf, après filtration, sont de médiocres papier buvard, puis étendre ou suspendre pour laisser sécher. Les épreuves faibles doivent être séchées devant un feu de braise, elles prennent un peu de vigueur,

### Observation.

Il peut arriver aussi, par le fait du cliché ou du papier (surtout aujourd'hui qu'il contient si peu de sel), que l'épreuve positive, trempée dans le bain d'eau, avant le virage, vire mal, et prenne un ton *lavassé*, rougeâtre.—Dans ce cas, mettez l'épreuve dans le virage, au sortir du châssis-presse; tournez et retournez pour éviter les taches : il est probable qu'elle prendra le ton bleu rapidement. — En hiver, en été même, si l'action est trop lente, — additionnez le virage d'autant d'eau bouillante; — avant de tremper l'épreuve, ou bien, si le virage est faible, faites-le chauffer assez fortement.

### Emarger, monter, satiner l'épreuve.

DERNIÈRE OPÉRATION.

Les épreuves qui sont livrées sans passe-partout, telles que les cartes, doivent être émargées et collées sur carton. A cet effet, on pose sur une glace dépolie, l'épreuve à émarger, on pose le calibre en glace dessus, et avec une pointe en acier, on la coupe de grandeur. Pour bien coller cette épreuve, on doit se servir de colle d'amidon fraîchement faite, ou mieux d'une solution à froid de gomme arabique. On couchera l'épreuve sur un cahier de papier buvard, l'on passera sur l'envers, avec une *éponge* fine, et non avec un pinceau, le moins de colle possible, afin qu'au satinage, il n'y ait pas d'épaisseur en sil-

opérateurs. A défaut de pratique, ils eussent pu comprendre qu'on n'ajoutait au bain neuf qu'une solution riche en soude, mais fort pauvre en or; ceux qui en ont fait l'expérience malheureuse doivent être de notre avis.

lons qui s'écrasent et font tache. Puis on la placera sur la carte. Si c'est un fond blanc à monter, il est important de faire adhérer l'épreuve avec un linge fin un peu mouillé; on enlève ainsi les taches et la colle qui pourraient s'être fixées sur l'image. — On ne doit satiner ces épreuves que quelques heures après. Si l'on passe de l'encaustique sur l'épreuve, elle sera plus brillante, et à l'abri des taches produites par l'attouchement. Cette dernière opération se pratique en frottant l'épreuve avec un peu d'encaustique au bout du doigt, et terminant avec un tampon de flanelle.

## Du laboratoire.

### OBSERVATION.

Tout réduit obscur, entièrement fermé à la lumière, peut devenir un très-bon laboratoire. Quelques planches à hauteur d'appui pour supporter les cuvettes et les châssis, une tablette supérieure pour les substances chimiques, voilà l'installation, sinon complète, du moins suffisante pour un opérateur.

La lampe ou la bougie nous semble encore le meilleur moyen d'éclairer le laboratoire; mais nous ne saurions trop recommander la plus grande prudence par rapport aux matières inflammables qui s'y trouvent réunies.

L'éther, l'alcool, le collodion, ne doivent y entrer que dans la quantité rigoureusement nécessaire à l'opération du jour. En collodionnant la glace, l'opérateur se tiendra aussi loin que possible de la lumière, et s'abstiendra de toute modification ou mélange d'éther, de collodion, etc. Il ne touchera jamais aux châssis, aux cuvettes, aux flacons, etc., sans avoir d'abord lavé ses mains avec le plus grand soin, ce qu'il fera de même après chaque opération négative, ainsi que lorsqu'il fera des filtres ou qu'il touchera à ses papiers photographiques. Nous dirions volontiers que la photographie est une sorte de cuisine dont le mérite et le succès dépendent en grande partie de l'exquise propreté du cuisinier. On comprend, en effet, combien il importe que les substances photogéniques soient à l'abri de tout contact des agents réducteurs ou désiodants.

### De la disposition de l'atelier de pose, et du mode d'éclairement.

Bien éclairer le modèle est une des conditions de réussite. L'éclairement venant du nord est le seul qui puisse donner un modelé parfait. Tout le monde ne possède pas une galerie vitrée, mais chacun peut établir facilement, improviser en quelque sorte un atelier de pose des plus convenables. A la campagne, dans une cour, dans un jardin, quatre pieux, une toile tendue au-dessus, un fond de couleur grise, deux rideaux latéraux mobiles, peuvent suffire. Placé dans cette espèce de guérite, le modèle pourra être plus ou moins éclairé suivant son teint et le caractère de sa physionomie.

Dans tous les cas, on aura soin d'éclairer le modèle de manière à éviter les oppositions trop fortes d'ombre et de lumière, il faudra que le grand côté du trois quarts soit éclairé et que le petit côté soit dans la demi-teinte. Si l'on exposait le petit côté du trois-quarts à la lumière, l'ovale de la figure serait écrasé, le nez grossi, aplati et presque confondu avec la pommette de la joue,

Placez le modèle tournant le dos au soleil levant ou au soleil couchant et de face à l'objectif, de telle sorte qu'il n'ait qu'à se tourner un peu à gauche ou à droite, pour offrir le grand côté du trois-quarts au nord ou à peu près : dans cette position, il est probable qu'il sera éclairé sagement; dans le cas contraire, une simple manœuvre du rideau de ganche ou de droite, suffira pour obtenir l'effet, Cette disposition s'applique aux galeries vitrées, mais dans ce dernier cas, il est bon d'orienter de telle manière, qu'on puisse disposer également les deux extrémités pour le modèle. La lumière du matin étant meilleure du côté où le modèle tourne le dos au couchant, celle du soir, au contraire, étant beaucoup plus blanche du côté du levant La seule condition à remplir pour le paysage, c'est qu'il soit éclairé par une lumière oblique, et pour la reproduction d'un gravure, qu'elle soit parallèle à la chambre noire. Le paysage veut beaucoup de lumière, et la gravure un éclairement solaire perpendiculaire. Ces deux reproductions, paysage et gravure, doivent être faites par l'objectif simple diaphragmé et une chambre noire à grand développement ou tout au moins munie d'une rallonge antérieure.

---

# PRIX-COURANT

## Observations importantes.

Dans tout envoi par la poste, il faut tenir compte du prix d'affranchissement. Aussi, du flacon et de la boîte contenante. Cette observation est motivée par l'envoi, souvent insuffisant, de fonds — plusieurs centaines de demandes par la poste, nous ont été faites cette année, dans les conditions suivantes — envoi de 5 fr. p. 1 m. pap. album. Le poids étant de 500 gr., demandait 0,50 c. en plus.

Demande d'un gr. chlorure d'or, envoi — 2 fr. 15 c. prix du tarif, il est vrai, mais avec frais en plus de : 15 c. de flacon — 20 c. de boîte et 10 c. d'affranchissement, etc., etc. = 2 fr. 60 c.

La poste ne se charge ni de liquides, ni de matières inflammables, pourquoi nous demande-t-on du coton-poudre, du collodion, etc., etc.?

Elle ne prend pas un poids au-dessus de 300 gr. — ni une grandeur de carton de plus de 25 centimètres.

Les valeurs cotées, nitrate d'argent, chlorure d'or, etc., — ne peuvent être renfermées que dans des boîtes de 8 cent. — 5 cent. sur 10 cent. — Il en coûte 50 cent. pour cette garantie.

Nos clients sont priés de n'envoyer que des timbres de 10 et 20 cent., — de ne pas noyer dans le corps de la lettre les articles demandés — mais d'en faire une liste. — Si ces articles sont portés à notre prix-courant, copier exactement; si c'est un objet à fabriquer ou à demander ailleurs, donner les plus grands renseignements.

Il est important d'accompagner la demande de la mention par grande ou petite vitesse.

Plus important, encore, d indiquer *le département* et aussi la dernière gare ou à domicile.

Les brûleurs de cendres n'achètent les résidus que lorsqu'ils sont dans de bonnes conditions de contrôle — ou s'ils consentent à acheter des résidus divers mal brûlés, mal séchés, etc., — c'est toujours à des prix très-bas.

La meilleure méthode à suivre pour opérer convenablement est celle-ci : — faites brûler les papiers et faites sécher les boues provenant des précipités — Ecrasez, mêlez et tamisez au tamis de 3 à 4 mill. —Cette poudre essayée, si elle est de bonne nature, vaudra de 35 à 45 fr. le kilogr.

Les bains de lavage de toute nature hyposulfites d'argent, etc.,— se précipitent par le foie de soufre, — le zinc, le fer ou le cuivre — Les bains d'argent, par l'acide chlorhydrique. — Les bains d'or et les bains révélateurs doivent être évaporés au feu ou au soleil — ce sont les résidus les plus riches.

Nous engageons nos clients à prendre des précautions pour leurs envois de clichés par la poste. Il faut une boîte en bois, et encore assez solide ; les coups répétés des timbres, mettent souvent le verre en morceaux.

## Prix des Objectifs ordinaires.

Dans ce grand steeple-chase que la réclame court dans ces prix-courants à coups de marchandises à bon marché, nous ne saurions nous abstenir ou rester en arrière et nous sommes forcé de nous départir quelque peu de notre réserve d'artiste en arborant à notre tour la devise : *50 p. 0/0 de rabais.*

Toutefois, cette page sera unique dans notre prix courant et n'a d'autre but que de répondre à quelques lettres, rares, à la vérité, mais qui n'en sont pas moins l'expression de la pensée de la majeure partie.

*Pourquoi dans votre prix courant cotez-vous à un prix plus élevé que votre voisin? etc.*

M. X*** vend ses objectifs 1/4 *15 fr. et vous les vendez 25, — etc.* — ? et ainsi de suite.

Pour répondre à ces questions, un mot suffirait : essayez les deux objets de deux maisons et vous verrez en définitive, laquelle vend meilleur marché — est-ce celle de l'objectif à 15 fr?

Depuis quelque temps les opticiens ne vendent plus leurs objectifs à un prix déterminé par le diamètre, mais bien au prix de leur valeur réelle. Nous avons acheté déjà beaucoup d'objectifs 1/2 plaque et nous avons expédié à nos clients des objectifs 1/2 à 150 et 200 fr. — et même des objectifs 1/2, anglais, du prix de 325 fr. Certes, voilà qui nous éloigne un peu des prix de 60 fr., et cependant l'on trouve des objectifs 1/2 au prix de 30 fr.

Conclusion et morale : — un bon objectif n'a pas de prix

Voici ceux que nous donnons sans essai préalable :

| | | | | |
|---|---|---|---|---|
| Objectif | 1/4, | paysages et | portraits, | 15 fr. |
| — | 1/2, | — | — | 30 fr. |
| — | 1/1, | — | — | 55 fr. |

Quel que soit le constructeur, il faut essayer, et c'est ce que nous faisons, et toujours avec soin ; — nous ne prélevons rien sur la facture de l'opticien, — et nous envoyons, sous toute garantie, tous les objectifs, *hors ligne.*

## Prix exceptionnels pour les demandes accompagnées d'un mandat-poste

| | | | |
|---|---|---|---|
| Acétate de soude purifié | le kilog. | 4 | » |
| Acide acétique cristallisable | — | 4 | 75 |
| — citrique blanc | — | 8 | 50 |
| — gallique | — | 30 | » |
| — pyrogallique sublimé | — | 70 | » |
| Alcool de vin rectifié à 40° | le litre.. | 2 | 70 |
| Alcool ioduré (liqueur génératrice) | le kilog. | 11 | » |
| Boite à couleur Belloc | | 25 | » |
| Chlorure d'or pur Brun | les 10 gr. | 20 | » |
| — double d'or et de potassium. | — | 20 | » |
| — d'or brun ou double | le gr. | 2 | 15 |
| Collodion normal très-dense, le kilog | | 7 | » |
| — ioduré inaltérable instantané, les 10 flacons avec le vase | | 20 | » |
| Coton soluble | le kilog. | 30 | » |
| Éther sulfurique à 62° | le litre.. | 3 | 50 |
| — ioduré (liqueur génératrice) | | 10 | » |
| Hyposulfite de soude, 1^re^ qualité | | » | 55 |
| Nitrate d'argent cristallisé... / — — fondu blanc. | | 160 | » |
| Papier albuminé, tout ce qui se fait de plus beau, la main | | 5 | » |
| Sulfate de fer pur lavé | | » | 60 |
| — ammoniacal | | 1 | » |
| Vernis négatif | le litre. | 8 | » |

(1) Virage pour épreuves albuminées.. le kil. 3 »

**Prime spéciale à toute commande dépassant 60 fr., accompagnée d'un mandat-poste. La boîte à couleurs pour 12 francs.**

ATELIER SPÉCIAL POUR LES LEÇONS DE PHOTOGRAPHIE.

La *Photographie rationnelle*, traité de 500 pages de A. BELLOC, sera envoyée *gratis* avec toute demande dépassant 30 fr.

Les dix *Traités* précédents du même auteur sont complétement épuisés.

Le Retoucheur, *Peintre Photographe*, vient de paraître, en vente chez l'auteur, et chez Leiber, éditeur, rue de Seine, 13. — 1 fr.

Seul dépositaire des derniers exemplaires de la *Photographie rationnelle.*

(1) A ces prix, il faut naturellement ajouter celui du flacon ou bouteille contenant. La bouteille est de 0 fr. 25; les flacons de sel, par kilog., de 50 à 80 cent.; les flacons de chl. d'or, de 0,15, etc.

# PRIMES

EXCEPTIONNELLES

A toute commande dépassant 200 francs, — *la boîte de couleurs gratis.* — A tout client envoyant un mandat de 25 francs pour la boîte, *expédition franco de port et d'emballage.*

## Machines à satiner

SÉRIE N° 1.

*A pression équilibrée et frotteur du cylindre supérieur système perfectionné.*

| | | | |
|---|---|---|---|
| N° 1. | Grandeur de la plaque d'acier | 21— 27— | 150 fr. |
| 2. | id. | 26— 32— | 190 |
| 3. | id. | 30— 38 — | 270 |
| 4. | id. | 35— 45— | 360 |
| 5. | id. | 40— 55— | 450 |
| 6. | id. | 52— 65— | 500 |
| 7. | id. | 60— 85 — | 800 |
| 8. | id. | 70—105— | 1200 |
| 9. | id. | 90—120— | 1500 |

SÉRIE N° 2.

| | | | |
|---|---|---|---|
| N° 1. | Grandeur de la plaque d'acier | 12—20— | 60 fr. |
| 2. | id. | 21—27— | 90 |
| 3. | id. | 26—32— | 100 |
| 4. | id. | 30—38— | 220 |
| 5 | id. | 35 – 45— | 260 |

Fonds divers toile drapée sans couture, quelle que soit la couleur ; on peut demander des échantillons :

Le mètre carré, 6 francs.

Paysages exécutés par de grands décorateurs, toile et huile, le mètre carré 12 francs.

Salon Louis XIV et autres, le mètre carré, 10 fr. (1).

(1) Notre Prix-Courant devant être envoyé en quantité considérable, nous le faisons aussi court que possible, pour cause d'économie ; mais nos clients peuvent être per-

## Verre vignettes pour fonds dégradés

| | | | | | |
|---|---|---|---|---|---|
| Pour cartes grand modèle extérieur | | | .......... | 2 | » |
| Id. | 1/4 | id. | id. .......... | 2 | 50 |
| Id. | 1/2 | id. | id. .......... | 3 | » |
| Id. | 1/1 | id. | id. .......... | 4 | 50 |
| Id. | 1/1 | sur extra, c. à d. verre 21 27 | ..... | 6 | » |

Pour obtenir un bon effet avec ce verre, il faut le mettre sur la glace du châssis, et non dans le châssis lui-même avec le cliché, car la vignette, étant peu fondue, donnerait un contour trop arrêté. En hiver, on peut mettre la vignette sur la glace du châssis, sur 4 petites boules de cire à modeler, ce qui élève le verre, fond mieux et permet de manœuvrer la vignette suivant les effets à obtenir, en dégradant plus loin ou plus près de la tête, etc.; mais, en été, la cire fond, la vignette se déplace, on est obligé de l'arrêter avec du papier gommé. (1)

## Combinaisons pour les objectifs.

Dans le système à vannes, qui est aujourd'hui généralement adopté, il suffit de mettre le plus petit diaphragme pour obtenir le paysage et une reproduction dans de bonnes conditions ; cependant, pour que cette combinaison soit parfaite, il faut : enlever le barillet porte-lentille de derrière, celui qui est dans la chambre, et le remplacer par celui qui est devant, Le pavillon (*parasoleil*) et la lentille de derrière ne servent plus. Il n'y a qu'à mettre un petit diaphragme.

suadés qu'ils trouveront dans notre maison tout ce qu'ils pourront désirer se rattachant à la photographie.

(1) Ainsi que nous l'avons dit plus haut, le papier calque et le crayon de sausse ou de sanguine, remplacent avantageusement la vignette.

## Objectifs supérieurs essayés avant l'envoi

REPRODUCTIONS ET PAYSAGES

*Doubles pour portraits, sans foyer chimique, monture à crémaillère :*

| | | |
|---|---|---|
| 1/4 de plaque $0^{m},44$ paysages et portraits.... | 25 | » |
| 1/2 plaque $63^{mm}$ pour portraits et paysages... | 60 | » |
| Plaque normale $81^{mm}$ pour portraits et reprod. | 110 | » |
| Pour chambre 21–27, $85^{mm}$, portraits et reprod. | 300 | » |
| Pour chambre 27-35, $110^{mm}$, portraits et reprod. | 360 | » |
| $140^{mm}$ pour portraits et reproductions....... | 600 | » |

*Simples, pour vues et reproductions, monture avec crémaillère :*

| | | |
|---|---|---|
| 1/2 plaque, $44^{mm}$...................... | 12 | » |
| 1/2 plaque, $63^{mm}$...................... | 25 | » |
| Plaque normale, $81^{mm}$.................. | 50 | » |
| — $110^{mm}$................ | 90 | » |
| — $140^{mm}$................ | 200 | » |

BINOCULAIRES :

| | | |
|---|---|---|
| Deux objectifs, 1/4 de plaque pour stéréoscopes. | 60 | » |
| — 1/2 plaque cartes de visite et stéréoscopes................. | 100 | » |
| Une loupe microscopique pour mettre au foyer.. | 8 | » |
| 1 compte fil pour id. id. | 2 | 50 |

### PRIMES

*A toute demande dépassant 200 fr., il sera joint une boîte de nos couleurs, sans préjudice des escomptes portés au prix-courant.*

## Chambres noires

*Pour portraits à un tiroir, deux châssis et glace dépolie :*

| | | | | |
|---|---|---|---|---|
| Pour 1/4 de plaque | 9 | 12............ | 16 | » |
| Pour 1/2 plaque | 13 | 18............ | 22 | » |
| Pour plaque normale | 18 | 24............ | 30 | » |
| Extra | 21 | 27............ | 45 | » |

*Pour paysages et portraits, deux châssis et une glace dépolie :*

| | | |
|---|---|---|
| Pour 1/4 à *soufflet,* carrée | 24 | » |
| Carré pour 1/2 *id* | 40 | » |
| Pour plaque normale, *id* | 60 | » |
| Pour 21—27, à chariot et à crémaillère mobile avec deux châssis à rideaux ; s'appliquant sans coulisses, etc., brevetée | 95 | » |
| Pour 27—33 ou 35 | 120 | » |

Les grandeurs au-dessus de gré à gré, prix proportionnel à la grandeur (1).

## Chambres binoculaires

| | | |
|---|---|---|
| Pour cartes de visite et stéréoscopes à soufflet. glace dépolie, deux châssis à collodion 10-20. | 30 | » |
| Pour stéréoscopes, id. id. glace 9—17 1/2.. | 28 | » |

## Pieds porte-appareil d'atelier

| | | | | |
|---|---|---|---|---|
| Pour normale bois dur, à cliquet, bascule, etc. | | | 28 | » |
| Pour 21-27 | id. | id | 35 | » |
| Pour 27-35 | id. | id | 40 | » |
| Avec vis sans fin, en chêne | | | 55 | » |

## Pieds porte-appareil de campagne

*Pliants, rentrants, vis à écrou, planchette pour être adaptée sous la chambre noire afin de l'y fixer :*

| | | |
|---|---|---|
| Pour 1/4 et 1/2 | 11 | » |
| Avec planchette-support pour normale | 13 | » |
| id. pour 21—27 | 15 | » |
| id. pour 27—35 | 20 | » |

(1) Il y a naturellement, un grand nombre de modèles dont nous ne parlons pas, — les queues brisées, surtout, sont toujours très-fragiles ou très-lourdes.

## Appui-tête

| | | |
|---|---|---|
| En bois, se fixant au siége | 6 | » |
| En fer et cuivre, id. double genouillère | 10 | » |
| En fer, à mouvement appuie-reins | 30 | » |
| Id. plus fort | 36 | » |
| Id. autre système | 40 | » |

Les porte-appareils d'atelier ou de campagne, — les appui-tête aussi, demandent une grande solidité ; — il les faut un peu lourds ; — on ne pourrait donner ces articles à meilleur marché qu'en les faisant légers, — mais l'opérateur n'y gagnerait rien.

## Boîte à glaces

En bois blanc, 12 rainures avec poignée :

| | | | | |
|---|---|---|---|---|
| Pour 1/4 | 9—12 (1) | | 2 | » |
| Pour 1/2 | 13 | 18 | 2 | 50 |
| Pour cartes de visite binoculaires. | 18 | 20 | 2 | 75 |
| Pour stéréoscopes | 9 | 17 1/2. | 2 | 75 |
| Pour normale | 18 | 24 | 3 | 25 |
| Pour normale sur extra | 21 | 27 | 4 | » |
| Pour glaces 27—33 ou | 27 | 33 | 5 | » |
| Id. | 30 | 40 | 6 | » |

En bois blanc, 24 rainures, avec poignée :

| | | |
|---|---|---|
| Pour 1/4 | 2 | 50 |
| Pour 1/2 | 3 | » |
| Pour 12—21 ou 10—20 | 4 | » |
| Pour stéréoscopes | 3 | » |
| Pour normale | 4 | » |
| Pour 21—27 | 5 | » |

(1) Il est très-important que toute demande de glaces, de châssis, de passe-partout, cadres, etc., en un mot, de tout ce qui doit être ajusté à l'appareil de l'opérateur, soit accompagné de la mention en millimètres, déterminant la grandeur précise

| | |
|---|---|
| Pour 27 · 33 ou 35 | 6 50 |
| Pour 30 40 | 7 » |
| Boîte à couleur Belloc | 25 » |
| Boîte pour conserver les papiers positifs préparés pour 21—27 | 15 » |
| Pour 1/2 | 10 » |

## Châssis

CHASSIS-PRESSE POSITIFS

*en hêtre ou en chêne avec glace forte et ressorts.*

| | |
|---|---|
| Pour 1/4 | 4 50 |
| — 1/2 | 6 » |
| — normale ordinaire | 8 » |
| — 21—27 id. | 10 » |
| — 21—35, id. | 14 » |

## Planchettes à polir les glaces

| | |
|---|---|
| Pour 1/4 et 1/2 | 2 50 |
| — normale et 21—27 | 4 » |
| — 27—33, etc. | 6 » |

## Cuvettes horizontales en gutta-percha (1)

*Profondes* à recouvrement pour bain d'argent :

| | |
|---|---|
| Pour 1/4 | 3 » |
| — 1/2 | 4 » |
| Pour normale | 6 » |
| — 23—35 | 7 » |
| — 27—33 | 9 » |

## Cuvettes plates

| | |
|---|---|
| Pour 1/4 | 1 50 |

(1) On pourrait faire ces cuvettes meilleur marché, mais alors, au détriment de la solidité, les grandes cuvettes demandent à être renforcées, par des bandes transversales extérieures.

Pour 1/2........................... 2 50
— normale........................... 3 50
— 22—30........................... 4 »
— 28—38........................... 7 »

## Accessoires en gutta-percha

Collection des 4 entonnoirs entrant l'un dans l'aut. 3 »
Pot en gutta-percha pour solution d'hyposulfite. 3 50
Vase à bec et à anse pour verser l'acide pyrogallique........................... 1 50

## Cuvettes en porcelaine

Centimètres.

| | | |
|---|---|---|
| 11—13 | | » 70 |
| 12 | 15 | » 85 |
| 10 | 20 stéréoscopes | 1 10 |
| 13 | 18 | 1 60 |
| 15 | 20 | 1 80 |
| 22 | 27 | 2 80 |
| 24 | 30 | 3 80 |
| 30 | 36 | 7 60 |
| 31 | 44 | 14 » |
| 38 | 55 | 25 » |

## Verres blancs pour négatifs

1re QUALITÉ.

| | | | | |
|---|---|---|---|---|
| Rodés pour 1/4 | 9—12, | 1er choix, la douz.. | | » 80 |
| Pour stéréoscopes, | 9 17 | 1/2 | — | 2 » |
| — 1/2 | 13 18 | 1er choix, | — | 2 |
| — cartes de vis., | 12 21 | ou 10—20 | — | 3 » |
| — normale, | 18 24 | | | 4 » |
| — | 21 27 | 1/2 doubles. | | 8 » |

## Verres dépolis doucis.

DEMI-DOUBLES, DOUBLE DOUCI.

Pour 1/4 10—13........................... » 45

Pour 1/2 14 19 ........................ » 75
— normale, 19 25 ........................ 1 25
— 21 27 ou 22—28 ........... 1 50
— 27 35 28 36 ........... 2 »

## Verres gradués

EN CENTIMÈTRES CUBES OU GRAMMES.

| | | | | | |
|---|---|---|---|---|---|
| Verre gradué en deux de | 50 | et | 100 cc. | 1 | 50 |
| Le même gradué de | 1 | à | 125 | 2 | 25 |
| Verre gradué de | 30 | et | 60 | 1 | |
| Le même, de | 1 | à | 60 | 2 | » |
| Verre gradué de | 1 | à | 15 | 1 | 50 |

Verres à expériences, comme les précédents, mais sans graduations ........................ » 35

Les éprouvettes sont beaucoup plus chères, sont difficiles à nettoyer, et ne conviennent pas aux opérateurs.

## Calibres en glace forte doucie

Pour cartes de visite ........................ 1 »
— couper l'image stéréoscopique obtenue par le binoculaire ........................ 1 »
— couper les images stéréoscopiques accouplées ........................ 2 50
Pour 1/4 à coins ou carré ........................ 2 »
— 1/2 ........................ 3 »
— normale ........................ 4 »
— 21—27 ........................ 5 »
Equerre de 35 centimètres ........................ 6 »

## Glaces fortes pour châssis

De 15—21 ........................ 1 50
20 26 ........................ 1 80
24 30 ........................ 3 50
30 36 ........................ 5 »

## Glaces minces rodées pour négatif

Pour 1/4 9 | 12 la pièce, 1er ch. » 35

| | | | | | |
|---|---|---|---|---|---|
| Pour stéréoscopes | 9 | 17 1/2 | — | ...... | » 60 |
| — | 13 | 18 | — | ...... | » 70 |
| — | 10 | 20 | — | ...... | » 90 |
| — normale, | 18 | 24 | — | ...... | 1 35 |
| — — | 21 | 26 | — | ...... | 1 60 |
| — — | 27 | 33 | — | ...... | 3 » |

Nous ne faisons pas mention du calibre ovale ; il est difficile de couper l'épreuve ainsi : l'emporte-pièce vaut mieux.

## Accessoires divers

| | |
|---|---|
| Agate à polir pour satiner................. | 2 50 |
| Agitateur en cristal suivant la force...... 15 à | » 30 |
| Balance à bascule avec poids.............. | 10 » |
| Blaireau fort pour épousseter la glace. . ...... | » 60 |
| Capsule porcelaine allant au feu, de 250 gr. . | 2 » |
| — — — 500 . | 2 75 |
| — — — 1,000 . | 4 » |
| Crochet en argent......................... | 2 » |
| — argenté............................ | » 75 |
| Diamants de vitrier, suivant la force, de 6, 10 et | 15 » |
| Doigtier en caoutchouc, la pièce............ | » 15 |
| Egouttoirs, 16 rainures pour glaces négatives. . | 2 » |
| Eprouvettes graduées, de 1 à 500........... | 4 » |
| Loupe de 60 à 80 millimètres.............. | 6 » |
| Niveau d'eau, de...................... 2 à | 5 » |
| Mortier et pilon en cristal de 250 gr....... | 2 » |
| — — — 500 ...... | 4 » |
| — — — 1,000 ...... | 7 » |
| Peau de daim, suivant la grandeur, de..... 5 à | 6 » |
| Pince en buffle, la pièce................. | » 50 |
| Pèse-alcool ......................... | 1 50 |
| Pèse-éther .......................... | 1 50 |
| Pèse-sel.............................. | 1 50 |
| Porte-entonnoir en fer.................... | 3 » |
| Pointes à couper le bristol............... | » 75 |

Pointes en diamant pour écrire sur le verre.... 2 »
Presse en fonte ou serre-joint.................. 2 »
Sabliers compteurs de 30'' à 5'' de....... 1 à 3 »
Vase à bec en cristal pour le pyrogallique..... 1 50

## Papiers divers.

Papier buvard fort, la main.... ........... 1 »
— Joseph très-beau, la main........... » 40
— Saxe supérieur, — ........... 4 50
— — salé, — ........... 5 »
— Blanchet et Kl., de Rives, albuminé, salé, supérieur, 1er choix, la main.. .... 6 »

Nous avons renoncé aux secondes qualités; quel qu'en soit le prix, il est toujours trop élevé pour le profit que l'opérateur peut en tirer.

Liasse de filtres ronds de Prat, 33.......... 1 25
— — 45.......... 2 »
Papier noir velouté pour positifs directs, feuille » 30
— — non velouté....................... » 10
— jaune pour laboratoire............... » 10

## Carton bristol en feuilles entières.

Raisin en 3, très-beau, pour cartes, le cent... 30 »
— en 4, très-fort, sans boutons, — ... 32 »
Jésus en 3, beau, sans boutons............ 38 »
— en 4, très-fort.................... 42 »

## Coupé en 2 ou en 4 émargé.

Coupé pour stéréos., très-beau, sans bout., le cent. 2 50
— pour cartes de visite sans filet......... » 80
— id. avec filet rouge, bleu, etc. 1 25
Médaillons ovales avec ornements divers...... 2
Emporte-pièce pour couper la carte ovale..... 5 »
Grand choix de bristols de tout genre, chine, etc., sur toutes grandeurs. Entourages divers, etc.
Cartes dorées sur tranche, le mille........... 12 50

## Passe-partout.

POUR CARTES DE VISITE (1).

| | | |
|---|---|---|
| Beaux ordinaires : la douzaine | 1 | 50 |
| N° 18 carrés, la douzaine | 2 | 50 |
| 65 — | 2 | 75 |
| 75 — | 3 | » |
| Ovales, — | 3 | » |

## Fantaisie.

Ces passe-partout sont faits sur commande et ne peuvent être livrés qu'après cinq jours. On peut s'en rapporter à notre choix. — On est libre de les retourner.

## Peinture, noir, écaille, etc. (1er CHOIX)

| | | | | |
|---|---|---|---|---|
| Pour | 1/9 avec anneaux, la douzaine | | 2 | » |
| — | 1/6 | — | 2 | 25 |
| — | 1/4 | — | 2 | 75 |
| — | 1/3 | — | 4 | » |
| — | 1/2 | — | 6 | » |
| — | 1/2 | — | 10 | » |
| — | 1/1 sur extra | — | 12 | » |

BRISTOL BLANC (1er choix).

| | | | |
|---|---|---|---|
| Pour 1/9 | la douzaine. | 2 | » |

(1) Au-dessous de ces prix, il ne saurait être livré que des passe-partout mal montés, sans anneaux, avec très-peu de marge, défectueux enfin. — C'est cependant par des prix follement bas, que quelques négociants cherchent à attirer la clientèle ; mais, répétons-le, *toujours marchandise pour l'argent.*

Pour 1/6........................ — . 2 50
— 1/4........................ — . 3 »
— 1/3........................ — . 4 »
— 1/2........................ — . 5 »
— 1/1........................ — . 7 50
— 1/1 sur extra............ — . 9 »
— 21 27, ouverture 18 24.. — . 18 »

**Bristol chagriné ou teinté** (1er CHOIX).

Pour 1/2..................... la douzaine. 6 »
— 1/2 sur 1/1............. — . 7 50
— 1/1 sur extra............ — . 9 »
— 21 27..................... — . 20 »

## Cadres.

Pâte avec feuillures pour passe-partout, ovales ou coins ronds (ces cadres sont peu solides) :

Pour 1/6..................... la douzaine. 3 »
— 1/4........................ — . 5 »
— 1/3........................ — . 6 »
— 1/2........................ — . 8 »
— 1/1........................ — . 12 »
— 1/1 sur extra............ — . 15 »

BEAU CHOIX, TRÈS-SOLIDES.

Noirs vernis, polis au tour avec feuillures pour passe-partout, ovales ou coins ronds, 1er choix :

Pour 1/6..................... la douzaine. 8 »
— 1/4........................ — . 9 »
— 1/3........................ — . 12 »
— 1/2........................ — . 14 »
— 1/1........................ — . 16 »

Pour 1/1 sur extra.......... — . 20 »
— double plaque.......... — . 28 »
Cadres à baguettes 1/2 jonc dorés pour recevoir un passe-partout extra-plaque, la pièce..... 3 »
— un normal ordinaire, la pièce............ 2 50

**Cadres gondoles noirs avec cercle doré, etc.**

| | | | |
|---|---|---|---|
| Pour 1/6.................... | la douzaine. | 12 | » |
| — 1/4.................... | — | 15 | » |
| — 1/3.................... | — | 17 | » |
| — 1/2.................... | — | 24 | » |
| — 1/1.................... | — | 36 | » |

Cadres dorés avec ornements, 4 bouquets :
Pour recevoir un passe-partout grandeur 1/2 sur 1/1............................ 4 »
*Id.* normal sur extra..................... 5 »

| | | | |
|---|---|---|---|
| Pour 1/2.................... | la douzaine. | 32 | » |
| — 1/3.................... | — | 24 | » |
| — 1/4.................... | — | 20 | » |
| — 1/6.................... | — | 15 | » |
| — 1/9.................... | — | 12 | » |

Choix considérable pour cartes, principalement de cadres bronze doré, unis et guillochés, américains, allemands, etc.; dont le prix varie de 6 à 12 fr. la pièce, selon la forme et la richesse du dessin. Ronds, ovales, coins ronds.

## Ecrins.

EN PEAU, SATIN, VELOURS, DUCHESSE, ETC.

Supérieurs :

| | | | |
|---|---|---|---|
| Pour 1/9.................... | la pièce. | 1 | » |
| — 1/6.................... | — | 1 | 25 |
| — 1/4.................... | — | 1 | 50 |
| — 1/3.................... | — | 2 | » |
| — 1/2.................... | — | 3 | » |

JUMEAUX.

Pour 1/6 .................... la pièce. 2 »
— 1/4 .................... — 2 50
— 1/2 .................... — 5 25

## Broches.

Broche en argent doré .................... 6 »
— en doublé or .................... 5 »
— en cuivre doré .................... 1 »
— — — .................... 2 »
Cassolettes, cuivre doré, à ressort, ciselées, etc. 2, 3 et 4 »
Fausses montres .................... 5 »

## Stéréoscopes.

En acajou, à prismes, à charnières, la douzaine. 40 »
— pliants ............ — 45 »
En maroquinerie ............ — 36 »
— plus riche ..... — 40 »
En bois, recouvert de papier noir. . — 24 »
Pliants .................... — 30 »

## Albums marocquins.

Pour 30 cartes, la pièce .................... 3 50
— — — — .................... 4 »
— — — — .................... 5 »
— 100 — — .................... 12 »
— 200 — — .................... 20 »

Un prix-courant est souvent illusoire; — on ne saurait le comparer à celui de telle maison dont les prix paraissent fort bas, et qui vend, en réalité, beaucoup plus cher qu'on ne pense. — Notre intérêt est dans la satisfaction du client, et nous ferons tout ce qu'il est possible de faire pour qu'il soit satisfait. S'il le désire, nous ajouterons, selon son goût, ou des épreuves stéréoscopiques, ou des portraits-carte d'Exposition, comme prime à sa commande, et toujours selon l'importance de la commande.

## Appareils complets.

| | | |
|---|---|---|
| Appareil microscopique complet, avec glaces, mastics stanhopes, etc. | 130 | » |

POUR 1/4 (9—12)

| | | |
|---|---|---|
| 1 Objectif pour portraits et reproductions | 25 | » |
| Chambre noire ordinaire | 16 | » |
| Pied porte-appareil de campagne | 10 | » |
| Boîte à glaces | 2 | » |
| 12 Verres rodés | » | 80 |
| 1 Cuvette gutta pour bain négatif | 3 | » |
| 1 Crochet en argenté | » | 75 |
| 2 Cuvettes en porcelaine | 1 | 40 |
| 1 Pinceau à épousseter | » | 50 |
| 1 Châssis-presse | 4 | 50 |
| 1 Vase à bec pour pyrogal. en cristal | 1 | 50 |
| 1 Vase gradué | 2 | » |

COMBINAISONS POUR DEUX CARTES DE VISITE.

| | | |
|---|---|---|
| 1 Chariot et son châssis, glace depolie et porte-glace | 12 | » |

## PRIMES

*A toute demande dépassant 200 fr., il sera joint une boîte de nos couleurs, sans préjudice des escomptes portés au prix-courant.*

## Appareils complets (SUITE)

POUR 1/2 PLAQUE (13 18).

| | | | |
|---|---|---|---|
| 1 | Objectif 1/2 supérieur, paysages et portraits. | 60 | » |
| 1 | Chambre noire double tirage............ | 25 | » |
| 1 | Pied de campagne........................ | 12 | » |
| 1 | Boîte à glaces.......................... | 2 | 40 |
| 12 | Verres rodés premier choix.............. | 2 | |
| 1 | Crochet en argenté...................... | » | 75 |
| 1 | Pinceau à épousseter.................... | » | 50 |
| 1 | Châssis-presse.......................... | 6 | » |
| 1 | Cuvette pour bains négatifs............. | 4 | » |
| 2 | Cuvettes plates......................... | 5 | » |
| 3 | Entonnoirs en verre..................... | » | 75 |
| 1 | Vase à bec pour pyrogal................. | 1 | 50 |
| 1 | Vase gradué............................. | 2 | » |

COMBINAISON POUR DEUX CARTES.

| | | | |
|---|---|---|---|
| 1 | Chariot et son châssis, glace dépolie....... | 14 | » |

Au comptant 4 p. 0/0 d'escompte.

On peut substituer à cette nomenclature la chambre ou le pied, ou la boîte, et l'augmenter de tel ou tel article, porté ailleurs sur le prix-courant, etc., etc.

PLAQUE NORMALE (18—24).

| | | | |
|---|---|---|---|
| 1 | Objectif supér., plaque nor., pays. et port.. | 110 | » |
| 1 | Chambre noire........ .............. | 38 | » |
| 1 | Pied porte-appareil de campagne......... | 15 | » |
| 1 | Boîte à glaces.......................... | 3 | » |
| 12 | Glaces.................................. | 15 | 60 |
| 1 | Crochet en argenté...................... | » | 75 |
| 1 | Planchette à polir...................... | 3 | » |
| 1 | Châssis-presse.......... ........... | 8 | » |

## Appareils complets (SUITE)

| | | | |
|---|---|---|---|
| 1 | Cuvette pour bain négatif............... | 6 | » |
| 3 | Cuvettes plates......................... | 10 | 50 |
| 3 | Entonnoirs en verre..................... | 1 | » |
| 1 | Vase à bec pour pyrogal................. | 1 | 50 |
| 2 | Vases gradués........................... | 4 | » |

Au comptant, 6 p. 0/0 d'escompte.

PRIMES

*A toute demande dépassant 200 fr., il sera joint une boîte de nos couleurs, sans préjudice des escomptes portés au prix-courant, et si le chiffre est plus élevé de 50 fr., on pourra demander ou des Epreuves-cartes ou des vues stéréoscopiques, etc.*

EXTRA PLAQUE, SUPÉRIEUR (21—27).

| | | | |
|---|---|---|---|
| 1 | Objectif supérieur, 11 cent., pays. et port.. | 350 | » |
| 1 | Chambre à soufflet carré, 0,80 c. de longueur, crémaillère, applique et rideau, système breveté, châssis-glace et châssis........ | 95 | » |
| 1 | Pied d'atelier chêne, à cliquet., etc....... | 35 | » |
| 1 | Boîte à glaces.......................... | 4 | 50 |
| 12 | Glaces fines rodées..................... | 19 | 20 |
| 1 | Crochet en argenté...................... | » | 75 |
| 1 | Planchette à polir...................... | 4 | » |
| 1 | Châssis-presse.......................... | 10 | » |
| 1 | Cuvette pour bain d'argent.............. | 7 | » |
| 4 | Cuvettes plates......................... | 18 | » |
| 3 | Entonnoirs.............................. | 1 | 25 |
| 2 | Vases gradués........................... | 5 | » |

Au comptant 10 p. 0/0 d'escompte.

A tout acquéreur de cet appareil, outre les escomptes et primes mentionnés, il sera accordé une prime exceptionnelle. — L'envoi lui sera fait franc de port et d'emballage (en France).

## Produits chimiques.

Quantité convenable pour appareil 1/4 :

| | | |
|---|---|---|
| 1 | flacon collodion ioduré, avec flacon...... | 2 30 |
| 50 | grammes nitrate d'argent, avec flacon..... | 8 20 |
| 7 | — acide pyrogallique............ | » 70 |
| 50 | — — acétique................ | » 50 |
| 1 | kilog hyposulfite de soude............ | » 60 |
| 100 | grammes ammoniaque................ | » 20 |
| 50 | — vernis blanc pour négatif...... | » 60 |
| 1/2 | liasse filtre........................ | » 60 |
| 1 | litre virage pour papier albuminé........ | 3 25 |
| 2 | entonnoirs......................... | » 50 |
| 1/4 | main papier albuminé................. | 1 50 |
| 1 | main papier buvard.................... | 1 » |

En prenant pour base les produits nécessaires à l'appareil 1/4 on peut se rendre compte d'une quantité relative pour un appareil d'une dimension supérieure.

### POUR LA PHOTOGRAPHIE.

| | | |
|---|---|---|
| Acétatate de soude purifié........... | le kilog. | 4 50 |
| Acide acétique cristallisable, parf. pur. | — | 5 » |
| — citrique, 1er blanc, diaphane cristallisé | — | 8 » |
| — chlorhydrique pur............. | — | 2 » |
| — formique pur.................. | — | 50 » |
| — gallique..................... | — | 30 » |
| — nitrique à 40 (1)............... | — | 1 » |
| — pyrogallique sublimé, pur....... | — | 75 » |
| — sulfurique pur................ | — | 1 » |
| — tartrique, 1er blanc en cristaux.. | — | 7 » |
| Alcool de vin rectifié à 36°........... | le litre | 2 40 |
| — — 40°........... | — | 3 » |

(1) Tous les acides minéraux sont dangereux et peuvent compromettre les autres produits, et nous causer du désagrément, il vaut mieux les acheter dans la localité.

## Produits chimiques (SUITE)

| Produit | Unité | Prix | |
|---|---|---|---|
| Alcool ioduré (liqueur génératrice) | le kilog. | 12 | » |
| Ammoniaque liquide | — | 1 | 50 |
| Benzine incolore | — | 3 | » |
| Bi-carbonate de potasse pure | — | 4 | » |
| — de soude pur cristallisé | — | 3 | » |
| — — fondu | — | 4 | » |
| Bi-chromate de potasse | — | 4 | » |
| — — jaune ou rouge pur | — | 5 | » |
| Boîtes à couleurs liquides, invent. et procédé Belloc | — | 25 | » |
| Brôme pur | — | 35 | » |
| Brômure d'ammonium | — | 45 | » |
| — de cadmium | — | 45 | » |
| — de zinc | — | 45 | » |
| — de potassium | — | 45 | » |
| Carbonate de potasse pur | — | 2 | » |
| Chlorure d'or | le gramme. | 2 | 15 |
| — double d'or et de soude. | — | 2 | 15 |
| — de platine | — | » | 90 |
| — de sodium pur | le kilog. | 1 | » |
| — d'ammonium | — | 4 | » |
| Craie Lévigée | — | 2 | » |
| Carbonate de soude | — | 1 | » |
| Cire vierge pure | — | 8 | » |
| Citrate de fer soluble en paillettes | — | 12 | » |
| Collodion très-dense | — | 7 | » |
| — fluidité convenable | — | 6 | » |
| — ioduré inaltérable, le flacon | | 2 | 30 |
| Coton soluble | le kilog. | 35 | » |
| Cyanure de potassium en plaque | — | 8 | » |
| — — en poudre | — | 12 | » |
| Dextrine | — | 1 | 25 |
| Esprit de bois rectifié | — | 3 | » |

## Produits chimiques (SUITE)

| | | | |
|---|---|---|---|
| Essence de lavande............... | le kilogr. | 8 | » |
| — de térébenthine rectifiée.... | — | 4 | » |
| Éther sulfurique à 62° — .... | le litre. | 4 | » |
| — ioduré (liqueur génératrice).... | — | 11 | » |
| Fluorure de potassium............ | le. kilogr. | 50 | » |
| Gélatine blanche................ | — | 9 | » |
| Hypochlorite de chaux pur........ | — | 1 | » |
| Hyposulfite de soude, 1er choix..... | — | » | 65 |
| Iode sublimé................. | — | 60 | » |
| Iodure d'ammonium.............. | | | |
| — de cadmium............. | — | 50 | » |
| — de zinc................ | | | |
| Iodure de potassium............. | — | 40 | » |
| Kaolin, 1er blanc pur............. | — | 2 | » |
| Mercure métallique distillé........ | — | 7 | » |
| Nitrate d'argent cristallisé deux fois. | — | 165 | » |
| — — fondu — | — | 165 | » |
| — de plomb pur............. | — | 3 | » |
| — de potasse pur............ | — | 4 | » |
| — de zinc pur............. | — | 4 | » |
| Phosphate de soude pur........... | — | 4 | » |
| Potée rouge pour polir le verre...... | — | 4 | » |
| Sulfure de potassium............. | — | 1 | 50 |
| Potasse caustique en plaque........ | — | 4 | » |
| Proto-chlorure de mercure......... | — | 7 | » |
| Sel amoniac brut............... | — | 1 | » |
| — — rectifié............. | — | 4 | » |
| — — blanc pur........... | — | 4 | 50 |
| Sucre de lait................... | — | 4 | » |
| Sulfate de fer pur lavé............ | — | » | 60 |
| — — ammoniacal......... | — | 1 | 10 |

## Produits chimiques (SUITE)

| | | | |
|---|---|---|---|
| Vernis blanc pour négatif.......... | le litre. | 10 | » |
| Vernis noir pour positif........... | — | 12 | » |
| — rose...................... | — | 12 | » |
| Virage pour épreuves, albumine.... | le kilogr. | 3 | » |
| Bitume de Judée................. | — | 4 | » |
| Bromure de chaux................ | — | 24 | » |
| Chloro-bromure de chaux......... | — | 30 | » |
| Chlorure d'or pur neutre brun....... | le gramme. | 2 | 15 |
| Chlorure double d'or et de potassium.. | — | 2 | 15 |
| Chlorure de baryum............... | le kilogr. | 2 | » |
| Chloroforme.................... | — | 20 | » |
| Chlorure de calcium............... | — | 2 | » |
| Coton cardé..................... | — | 7 | » |
| Cyanoferrure de potassium........ | — | 6 | » |
| Huile de naphthe rectifiée......... | — | 6 | » |
| Hydromélite...................... | — | 12 | » |
| Nitrate d'urane.................. | — | 60 | » |
| Or mussif........................ | — | 25 | » |
| Poudre de Charbon végétal......... | — | 4 | » |
| Teinture de tournesol............ | — | 5 | » |
| Feuille de tournesol............... | — | » | 15 |
| Tannin........................... | — | 30 | » |

www.ingramcontent.com/pod-product-compliance
Ingram Content Group UK Ltd.
Pitfield, Milton Keynes, MK11 3LW, UK
UKHW022134190726
13855UKWH00003B/1152